Das Hilfebuch für Krisenzeiten

56 effektive Techniken, um negative Gedanken, Angst und Panikattacken für immer loszuwerden

von Claire Keymington

Inhaltsverzeichnis

Einleitung

Warum ist dieses Buch entstanden?

Das Ziel ist, ein Handbuch als schnelle Hilfe für verschiedene „negative" Situationen herauszugeben, um in erster Linie sich selbst, aber auch Freunden und Bekannten zu helfen, denn Angst und Lebenskrisen hat jeder mal.

Jede Krise ist eine Chance. Das wissen wir schon aus der chinesischen Übersetzung des Wortes. Ich würde hier auch sagen, dass jede Krise einen Neuanfang bedeutet und nur zu unserem Wohl dient. **Klar ist eines: Angst signalisiert uns, dass wir unsere Gedanken wechseln sollen.** Schmerz und Unwohlsein sind dabei eine extreme Form der Ablehnung unserer Wünsche. Negative Gedanken sind wie eine Station, von der ich starte, um zu meinen Wunschereignissen zu kommen. Das ist der Grund für die Weiterentwicklung.

Es gibt keine negativen Sachen. Wir selbst bezeichnen sie als negativ. Sie bedeuten nur, dass die Zeit gekommen ist, uns weiterzuentwickeln und zu wachsen. Das ist der Zeitpunkt der Transformation. Und wir müssen Ängste als unseren Freund empfinden und positiv betrachten. Angst, Wut, Aggression und negative Gedanken beinhalten Stärke für uns. Sie haben Energie und diese Energie können wir zu unseren Gunsten nutzen, sie kann uns stärker machen, unsere Wünsche schneller realisieren. Wir müssen lediglich lernen, diese Energie richtig zu nutzen. Spielen Sie mit Ihren Ängsten und Gedanken. Unser ganzes Leben ist ein Spiel. Nehmen Sie alles mit Leichtigkeit. So wie eine Frau, die in den Wehen liegt und unter Schmerzen ihr ersehntes Kind mit Freude erwartet, so müssen wir auch unsere Einstellung ändern und mit Freude unseren Ängsten entgegenblicken, aus ihnen unseren Freund machen und sie zu unserem Vorteil nutzen. Verwandeln Sie Angst in Ihre Stärke und schließen Sie Freundschaft mit ihr, um etwas Großes zu erreichen.

In diesem Buch ist eine Sammlung wirksamer Techniken für jeden Geschmack dabei. Einige Übungen sind schnell erklärt und schnell gemacht, andere bedürfen mehr Erklärung. Darüber hinaus habe ich Bilder und Videoanleitungen hinzugefügt. Manche Techniken erscheinen Ihnen vielleicht seltsam und zu esoterisch oder mystisch. Schalten Sie aber Ihre Skepsis aus und probieren Sie sie aus. Für einige Übungen müssen Sie Ihre Visualisierungskraft aktivieren. Wenn es Ihnen nicht leichtfällt zu visualisieren, genügt auch, einfach nur einen festen Entschluss zu fassen und alles mit Ihren Worten auszudrücken, denn auch Wörter haben eine enorme Macht.

Über gute und „negative" Gedanken

Gedanken sind dünne „Energiestücke", die unser Bewusstsein bewegen. Sie entstehen aus dem Nichts und verschwinden im Nirgendwo. Einige verweilen wahrheitsgemäß und erinnern uns mit beneidenswerter Beständigkeit an sich. Physisch fühlen wir sie nicht, aber oft können wir das Endergebnis fühlen, das uns durch innere Empfindungen und Emotionen übertragen wird. Emotionen geben uns entweder Energie und Inspiration oder reduzieren unsere Kraft.

Natürlich können wir uns immer zusammenreißen und versuchen, uns zu konzentrieren, um nicht an etwas zu denken. Aber je mehr Energie wir darauf verwenden, mit unseren Gedanken zu argumentieren, desto öfter und beharrlicher kehren sie zurück.

Wir stehen vor einem „internen Test". Dies liegt vor allem daran, dass jede Aufgabe, die das Gehirn erhält, mit der Arbeit zweier Abteilungen verbunden ist:

Die erste Abteilung ist der "Operator", der den Bewusstseinsstrom in eine bestimmte Richtung lenkt.

Die zweite Abteilung ist der "Kontrolleur", der die Einhaltung der vorgegebenen Bedingungen sicherstellt. Er ist es, der uns methodisch die automatische Erinnerung darüber schickt, was wir gerade so gut versucht haben, zu vergessen.

Es entsteht die Illusion, dass wenn der Gedanke ständig zurückkehrt, dieser Gedanke richtig ist. Warum sollte er sonst darauf bestehen, gedacht zu werden? Dies ist äußerst unpraktisch, wenn wir Ängste, Unruhe und obsessive Gedanken von uns selbst vertreiben wollen.

Körperlich kommen Symptome wie Kurzatmigkeit, Schwindelgefühl, weiche Knie, Herzrasen, Kloß im Hals, Druck im

Magenbereich, enges Gefühl/Ziehen in der Brust, auch Schwitzen bis hin zu Hitzewallungen oder Kaltschweiß vor. Im Moment, also "hier und jetzt" brauchen Sie eine schnelle Hilfe, um Ihren emotionalen Zustand zu stabilisieren und sich schließlich von diesem Strudel klebriger Gedanken zu lösen.

Mittlerweile gibt es viele Techniken und die Situation kann sehr einfach korrigiert werden. Aber denken Sie daran, dass nicht jede, auch nicht die genialste Methode beim ersten Mal funktioniert. Übung macht den Meister. **Das menschliche Gehirn kann sich verändern. Wir sind wie Bildhauer. Wir schaffen unsere eigenen Gewohnheiten.**

In diesem Buch finden Sie effektive und von mir erprobte Techniken zur Eliminierung „negativer" Gedanken, Gefühle, Emotionen, Ängste sowie zur Selbststärkung.

Viel Spaß!

Techniken zur Stärkung des Ichs, Selbstfindung

Um Angst und andere negative Einflüsse zu überwinden und zu neutralisieren, müssen wir uns innerlich stärken. Diese Übungen helfen Ihnen dabei.

1.   Definiere dich

Morgens beim Aufwachen dehnen Sie sich, lächeln Sie, seien Sie dankbar für alles, was um Sie herum ist, und definieren Sie sich. Wer bin ich? Charakterisieren Sie sich: Wer möchten Sie in Ihrer besten Version sein?

z. B. *Ich bin schön, gesund, glücklich, reich.*

Sprechen Sie Ihre Definition von sich selbst aus und definieren Sie sich jeden Morgen, wenn Sie aufwachen. Und starten Sie nichts, bevor Sie Ihre beste Version, Ihr ideales Selbst nicht identifiziert haben!

„Nicht der Wind, sondern das Segel bestimmt die Richtung.“

(Aus China)

2. Ich bin

Diese einfache Meditation ist sehr schön für Ihr Selbstbewusstsein, die Selbstfindung und um die eigene Mitte und eigene Kraft zu finden. Diese Technik verbindet Sie mit Ihrem **Ich**, lässt den Geist real werden.

Wenn Ängste auftreten oder Sie depersonalisiert sind, bedeutet es, dass Sie von sich selbst, Ihrem wahren Ich sehr stark abgedriftet und zu viel in Ihren Gedanken sind. Sie müssen mit Ihrem Ich in Kontakt treten. Es ist ratsam, diese Übung mindestens drei Wochen lang zu machen, dann werden sie selbstsicherer und hören Ihre innere Stimme, ihr Höheres Ich besser.

Nichts ist unmöglich für Ihr Höheres Ich. Es ist absolut zu allem fähig, besitzt das grenzenlose Potenzial eines Schöpfers. Es hat eine ewige Natur. Im Wesentlichen ist Ihr höheres Ich Ihr wahres Selbst.

Wenn Sie lernen, es zu hören und zu interagieren, werden Sie keine Probleme mehr haben, Sie werden Ihren wahren Weg erkennen.

<u>Die Verbindung mit Ihrem Höheren Ich gibt Ihnen:</u>

- innere Unterstützung, das Gefühl der eigenen Integrität;
- ein Gefühl der Inspiration und Kreativität;
- Unabhängigkeit von den Meinungen anderer Menschen;
- die Fähigkeit, die Wahrheit zu sehen;
- Bewusstsein für den eigenen Weg;
- Verständnis von Berufung und Schicksal;
- den Wunsch, sich zu entwickeln und neue Erfahrungen zu sammeln;
- lindert Angst und Unruhe;
- ein Leben losgelöst von alten Schwierigkeiten;
- die Erkenntnis, dass das Universum Ihr Freund ist.

- ein Gefühl der inneren Erfüllung und Liebe für sich selbst und die Welt
- Freude und Frieden

Schalten Sie eine angenehme Melodie ein.

Setzen Sie sich mit geradem Rücken hin. Atmen Sie ein und schauen Sie nach rechts, aber lenken Sie dabei Ihre Aufmerksamkeit mental nach links. Ausatmen.

Atmen Sie ein und schauen Sie nach links. Ihre Aufmerksamkeit lenken Sie nach rechts. Ausatmen.

Atmen Sie ein und schauen Sie nach oben, wobei Ihr Geist nach unten gerichtet ist. Ausatmen.

Atmen Sie ein und schauen Sie nach unten. Die Aufmerksamkeit geht nach oben. Ausatmen.

Richten Sie jetzt Ihren Blick vor sich, direkt unter den Horizont, schließen Sie Ihre Augen nur halb.

Jetzt sagen Sie sich bei jedem Einatmen gedanklich: „**Ich**"

Beim Ausatmen: „**bin**" usw.

Ich – bin - Ich - bin ....

Sie können dabei merken, dass beim Einatmen, wenn Sie kurz Luft anhalten, keine Gedanken kommen. Sie sind reines Bewusstsein, genießen Sie innere Ruhe.

Machen Sie diese Technik 5-15 Minuten am Tag.

3.   Atmung des Segens

Beim Einatmen sagen Sie sich in Gedanken: *Ich bin gesund, glücklich und gesegnet.*

Beim Ausatmen sprechen Sie diese Worte laut aus.

3-mal wiederholen.

Machen Sie diese Übung jeden Tag morgens und abends.

4.   Entschluss fassen

Treffen Sie die endgültige Entscheidung, **immer nur angenehme Gedanken zu denken**. Sie sind Lebensgenießer und haben riesig Spaß am Leben.

Sagen Sie sich immer wieder wie Mantra:

*Ich bin der Chef meiner Gedanken und ich beabsichtige, meine Gedanken **IMMER** zu genießen.*

Mit der Zeit werden Sie immer Herr Ihrer Gedanken sein, nicht umgekehrt.

5. Stress-Metaphern

Eine der Stärken eines Menschen ist sein Zugang zu Ressourcen. Wir fühlen uns insgesamt stärker, wenn wir diesen Zugang zu Ressourcen haben.

Unsere Gedanken erschaffen die Realität und die Wörter versiegeln sie. Das ist eine mächtige Waffe.

Aber unter den Wörtern, die wir verwenden, gibt es solche, die als spezielle Phrasen bezeichnet werden können.

Diese Sätze wirken wie dämonische Siegel unseres Lebens. Sie schwächen uns, machen uns krank, führen zu Katastrophen. Das sind unsere persönlichen Stress-Metaphern.

Was ist eine Metapher? Metapher ist eine Art und Weise über etwas zu sprechen, indem man eine Analogie oder eine assoziative Reihe verwendet. Menschen beschreiben oft etwas mit Hilfe von Objekten, die ihm etwas ähnlich sind. Eine Metapher ist eine Phrase, bei deren Verwendung das Gehirn garantiert ein bestimmtes Bild sieht. Z.B.:

Ich habe es satt.

Mir platzt der Kragen.

Ich habe keine Kräfte mehr.

Ich halte das nicht aus.

Das geht mir auf die Nerven.

Zum Tode langweilig.

Mit dem Kopf durch die Wand.

Du brichst mir mein Herz.

Wir können sie benutzen, ohne zu erkennen, welche mystische Kraft sie besitzen.

Unser Unterbewusstsein sieht gleichzeitig ein Bild von dem, was gesagt wurde, und das wirkt destruktiv auf uns.

<u>Wichtig!</u>

1. Kontrollieren Sie sorgfältig, was Sie sagen, welche Stressmetaphern Sie benutzen.
2. Lernen Sie, entgegengesetzte Antistress-Metaphern zu erstellen.

Ersetzen Sie Ihre Stress-Metaphern gezielt durch Antistress-Metaphern.

Finden Sie Ihre eigenen Metaphern, reimen Sie positive Wörter, die Sie sich ständig wiederholen werden. Es wird empfohlen, den Rhythmus beizubehalten.

z.B.:

„Ich bin gesund und klasse,

meine Gedanken sind rein wie Wasser!"

Oder:

„Meine Gedanken sind schön und rein

Ich fühle mich sicher und befreit."

Oder:

„Ich bin gesund und toll!

Ich fühle mich pudelwohl."

Achten Sie auf Ihre Sprachhygiene, auf das, was Sie zu sich selbst sagen. Wählen Sie ihre Wörter bewusst aus.

6.   Körper, Geist und Seele stärken

Für den Körper gibt es einige Wege, mit denen er sich Richtung Ruhe stimulieren lässt. Dazu gehört, sich einfach mehr zu bewegen und auf gesunde Ernährung zu achten. Sport, Bewegung und Ernährung sind in ihrer Bedeutung kaum zu übertreiben. Essen Sie viel Obst und Grünes, nehmen Sie Vitamine, trinken Sie viel Wasser. Machen Sie viele Spaziergänge und am besten wäre sonniges Wetter, weil man durch Sonne ein Wohlfühlvitamin bekommt.

Was geschieht, wenn sie sich bewegen? Als erstes lässt der Sport oder die Bewegung Ihren Körper hochfahren. Damit wird er automatisch gereinigt. Die Botenstoffe, die den Kampfmodus signalisieren, die Stresshormone genannt, werden aus dem Blut entfernt. Das Herz und die Lungen werden gestärkt, sodass die Frequenz des Herzrhythmus und der Atmung heruntergefahren wird. Das allein lässt Sie viel ruhiger werden und nicht so schnell aus dem Gleichgewicht bringen.

7.   Qigong

Qigong ist eine chinesische Meditations-, Konzentrations- und Bewegungsform zur Stärkung von Körper und Geist. Qigong-Übungen vereinen Atmung und nach innen gerichtete Konzentration mit fließenden, präzisen Bewegungen.

Das Ziel ist eine Harmonisierung der Lebensenergie Qi, sodass diese wieder ungehindert den Körper durchströmen kann. Die Qigong-Wirkung ist dabei nicht nur körperlicher, sondern auch geistiger und seelischer Natur. Tägliche Qigong-Übungen helfen die Energien des Körpers aufzuwecken und in die richtige Richtung zu lenken, Sie finden innere Ruhe.

Sie können diese Übungen auf YouTube finden. Einfach in die Suchleiste: Qigong Deutsch eingeben.

8.   Ich kann alles!

Marschieren Sie, Hände zu Fäusten ballend.

Schlagen Sie abwechselnd mit den Händen auf die Brust im Tempo des Marsches und sagen Sie wiederholend:

„Ich kann alles!"

Dauer: 1 Minute

Wiederholen Sie diese Technik, wenn Sie sich unsicher und ängstlich fühlen. Besonders vor wichtigen Verhandlungen, Treffen, wichtigen Projekten gibt sie Ihnen viel Mut, Zuversicht, Selbstvertrauen und Energie.

9.   Menschen aus Ihrem Umkreis

Bei dieser Technik gehen wir zu den Menschen, um Kraft zu sammeln. Harmonische Beziehungen zu Menschen stärken uns um ein Vielfaches. Es gibt 7 Einflusskreise: Angehörige, Familie, Freunde, Bekannte, Nachbarn, Fremde, denen sie begegnen, und Menschen, die nicht in Ihrer Sicht sind.

Wir müssen uns im Zentrum von Einfluss- und Machtkreisen vorstellen und uns mit 1-3 Kreisen - Familie, Freunde und Bekannte - stärken.

Denken Sie an eine Person aus Kreis 1, 2 oder 3, stellen Sie sie sich vor und sagen Sie diese magischen Worte:

Du und Ich, wir sind vom gleichen Blut

Wir sind eins.

Wir brauchen einander.

Wir helfen einander hier zu sein.

Stellen Sie sich auch andere Menschen vor oder wenn Sie sie sehen, sagen Sie gedanklich diese Worte, fühlen Sie sich einig mit ihnen.

Diese Übung stellt eine fantastische Beziehung zu Menschen her, stärkt Sie erheblich und verbindet Sie mit allen.

Sie ändern Ihre Gedankenform in Bezug auf eine Person und diese Person ändert ihre Einstellung zu Ihnen. Die Kraft beginnt zu Ihnen zu fließen.

Es ist auch gut, den Menschen gegenüber eine starke Dankbarkeit vom ganzen Herzen zu empfinden. Menschen werden sich zu Ihnen angezogen fühlen und werden Kontakt mit Ihnen suchen.

Machen Sie diese Übung mindestens 7 Tage lang und Sie werden schnell ihre Wirkung sehen.

10. Anker

Jedes Mal, wenn Sie symmetrische Zahlenfolgen auf der Uhr beobachten, z.B. 11:11, 12:12 etc., sagen Sie sich:

Das bringt mir Glück und Liebe. Jedes Mal, wenn ich es sehe, werde ich stärker, selbstbewusster, gesünder usw.

Formulieren Sie ihre eigenen Wunschsätze. Sie können für sich auch einen anderen Anker finden.

11. Zugang zu Ressourcen

Das ist eine Übung aus dem NLP (Neuro-Linguistisches Programmieren).

Stellen Sie ein bis zwei Tage lang jede halbe Stunde eine Frage an sich:

Mit welchem Wort kann ich den Zustand benennen, den ich jetzt habe?

Z. B, Ruhe, Angst, Ungeduld, wieder Angst, dann Stress, dann Müdigkeit, Hilfslosigkeit etc.

Am Abend analysieren Sie, welche Empfindungen während des Tages überwogen. Das Ziel dieser Übung ist es, verbale Zugriffsschlüssel für Ihren Zustand zu ermitteln.

Wenn Sie beispielsweise häufig hilflos oder energielos waren, müssen Sie einen entgegengesetzten Zustand und Worte wählen, z. B. Stärke.

Von diesem Moment an sagen Sie zu sich. z.B.: *Ich fühle die Kraft und diese Kraft ist in mir!*

Wo ist dieser kinästhetische Zugang im Körper? Wo spüren Sie diese Stärke? Was sind die Symbole, Gefühle, Gerüche, Farben, Empfindungen? Z. B. Sie sehen sich ganz groß, munter, glücklich und rot bekleidet.

Multiplizieren Sie diesen Zustand mit Hundert oder Tausend und verteilen Sie ihn über den ganzen Körper.

Speichern Sie diese Empfindung im Gedächtnis ab. Drücken Sie beispielsweise einen Punkt auf Ihrem Handrücken (das ist dann Ihr Anker zu Ressourcen) oder schnippen Sie mit dem Finger.

Üben Sie im Laufe des Tages, sprechen Sie den Schlüsselsatz: *„Ich fühle die Kraft und diese Kraft ist in mir!"* aus und richten Sie die Aufmerksamkeit auf den Punkt des Körpers, wo sich der Zugang befindet. Wir fügen den symbolischen, visuellen Inhalt hinzu, füllen die Farbe über den ganzen Körper und betätigen den Anker (drücken auf den Handrücken oder schnippen mit dem Finger). Wir verstärken es, wie oben geschrieben, um das Vielfache.

Wir machen das oft im Laufe des Monats zum Üben. Diese Übung hilft, den Hormonspiegel: Dopamin, Testosteron zu erhöhen.

Darüber hinaus können Sie zu dieser Übung eine schöne Musik aussuchen, tanzen und springen. Beobachten Sie Ihren Zustand.

Techniken gegen Angst, Phobien, Panikattacken, wiederkehrende Gedanken etc.

Als erstes finden Sie hier Übungen, Praktiken, die Ihnen sofort bei Panikattacken, Angst helfen und Sie beruhigen. Danach, wenn Sie den Stress abgebaut haben, übergehen wir zu den Techniken, die man im beruhigteren Zustand anwenden kann.

12. Erhöhen Sie die Angst

Angst ist eine mächtige Energie. Erhöhen Sie Ihre Angst, gehen Sie auf sie zu. Denken Sie daran, wovor Sie Angst haben, denken Sie darüber nach, atmen Sie diese Energie der Angst ein, öffnen Sie sich. Tauchen Sie in die Angst ein wie ein Surfer auf die Welle wartet und genießen Sie ihre Energie.

Jedes Mal werden Sie immer weniger Angst davor haben. Gleichzeitig können Sie über Ihre Wünsche und Ziele nachdenken und darüber, wie die Energie der Angst auf Ihre Wünsche übertragen wird. Ihre Wünsche werden schneller wahr!

Danach können Sie Ihre Angst mit der ganzen Kraft abschütteln und zu Atemübungen übergehen, um runterzukommen.

13. Kundalini Atemtechnik

Diese Übung erhöht das Lungenvolumen, aktiviert das Herzzentrum und stärkt mit den Armhaltungen das Schutzfeld Ihres Körpers.

Wenn Sie unruhig sind oder Angst vor etwas haben, ist es sehr wichtig, die Atmung zu verlangsamen.

Finden Sie einen ruhigen, dunklen Ort, wo Sie nicht gestört werden können. Sitzen Sie gerade, dehnen Sie Ihre Wirbelsäule nach oben und beginnen Sie tief und langsam zu atmen. Konzentrieren Sie sich 1-3 Minuten auf Ihre Atmung.

Dann ballen Sie die Hand zur Faust mit innen liegendem Daumen.

Beim Einatmen die Hände am Körper anwinkeln und beim Ausatmen nach außen strecken. Beim Einatmen und Ausatmen bleibt der Mund offen.

Machen Sie diese Übung 1-3 Minuten lang und Sie werden sich viel ruhiger fühlen.

14. Pumpe

Noch eine Atemtechnik. Heben Sie Ihre Hände hoch.

Beim Einatmen die Arme zu den Schultern ziehen.

Wenn Sie ausatmen, strecken Sie Ihre Arme hoch.

Machen Sie diese Übung 100-mal, besonders wenn sie gestresst oder müde sind. Der Kopf wird klar, Sie bekommen mehr Energie.

15. Punkt gegen Angst

In dieser Übung geht es um Meridianen – Energiepunkte.

Energiepunkte kann man über so genannte Akkupunkturpunkte beeinflussen, die an bestimmten Energiebahnen den Meridianen zugeordnet sind.

12 Meridianen bilden einen Energiekreislauf im Kopf. Die Meridianen beginnen mit dem Lungenmeridian. Der erste Punkt des Energiekreislaufs des Lungenmeridians ist der Punkt - Lunge 1.

Das ist ein perfekter Angst- und Panikpunkt.

Wenn wir ihn stimulieren wollen, um die Ängste und Panik loszubekommen, müssen wir nur ein bisschen reiben und die Ängste werden relativ schnell runtergehen.

Dieser Punkt ist auf der linken Seite wirksamer als auf der rechten Seite. Er liegt im Dreieck zwischen dem Schlüsselbein und der Schulter. Wenn Sie die Hand auf die linke Brusthälfte legen, ist der Punkt genau da, wo der mittlere Finger liegt. Tasten Sie diesen Punkt, er muss beim Druck ziemlich empfindlich sein. Diesen Punkt können Sie ganz vorsichtig reiben, z.B. mit dem Mittelfinger. Durch Stimulation dieses Punktes wird automatische die innere Angst runtergehen.

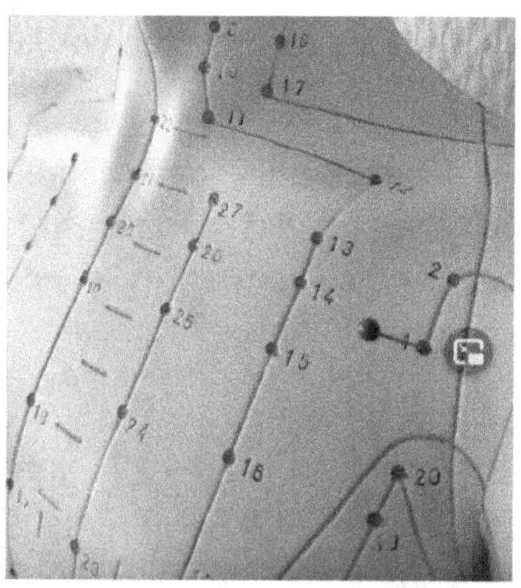

16. Ohrenmassage

In China gelten die Ohren als ein Spiegel der Gesundheit. Auf den Ohren befinden sich 170 bioaktive Stippchen, die mit Hilfe der Massage das Wohlbefinden verbessern können.

Hier sind einige Massage-Tipps:

- Ausstreichen: Ganze Ohrmuschel mit mittelstarkem Druck, mehrfach von oben nach unten ausstreichen

- Ziehen: Oben beginnen und die Ohrmuschel immer nach außen dehnen, langsam von oben nach unten arbeiten. Diesen Vorgang einige Male wiederholen

- Kreisen: Großflächiges, sanftes, kreisförmiges Reiben der einzelnen Teile der Ohrmuschel. Von oben nach unten. Der Daumen fasst an der Rückseite, der Zeigefinger an der Vorderseite des Ohrs

- Schütteln: Sanftes Schütteln des Ohres von oben nach unten

- Klopfen: Mit den Fingerspitzen an der ganzen Ohrmuschel klopfen

Es gibt auch einen sogenannten Shen-Men-Punkt am Ohr. Die Effekte, die mit der Massage dieses Punktes erzielt werden, sind unglaublich. Stress, Allergien, Depressionen, Kopfschmerzen, Suchtverhalten - gegen all diese Probleme kann eine solche Massage helfen.

Im unten abgebildeten Bild ist dieser Punkt genau lokalisiert. Um seine heilende Wirkung zu entfalten, wird der Zeigefinger hinter die Ohrmuschel gelegt und der Daumen genau auf diesen Punkt gesetzt. Anschließend führen beide Finger kreisende Bewegungen aus. Dies sollte etwa ein bis zwei Mal täglich für eine Minute wiederholt werden.

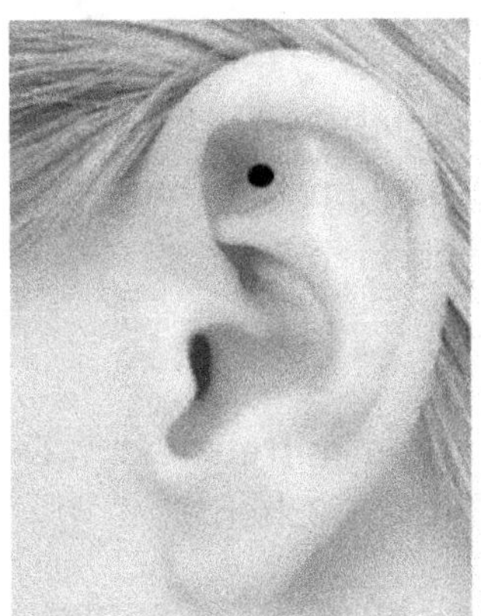

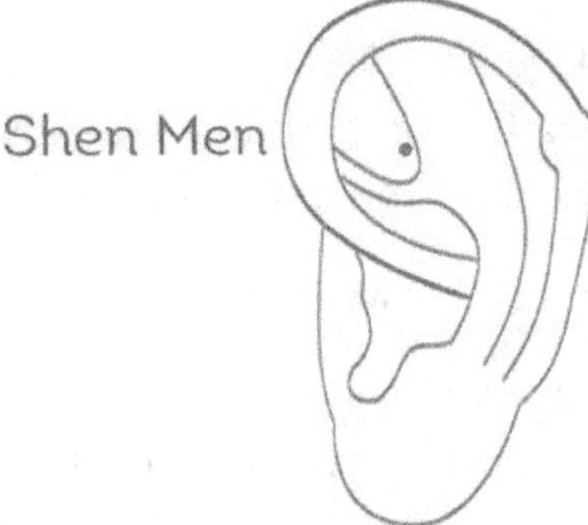

17. Lächeln

Es ist schwer zu lächeln, wenn man überhaupt keine Lust dazu hat, aber die psychologischen Vorteile auch eines angespannten Lächelns sind bewiesen. Stellen Sie sich vor einen Spiegel, entspannen Sie Ihre Arme, Schultern, Ihren Rücken und Ihren Nacken und lächeln Sie Ihr Spiegelbild an.

Auch wenn Sie sich dazu zwingen, widerstreben, behalten Sie trotzdem ein Lächeln. In dieser Zeit treten Ihre Gesichtsmuskeln in Aktion, ein Signal wird ans Gehirn gesendet:

„Ich lächle - das heißt, ich bin glücklich" und der Stress, die Angst reduziert sich oder geht weg.

18. Dynamische Meditation

Die magisch positive Wirkung des Tanzes auf den menschlichen Körper ist seit der Antike bekannt. Unser Körper speichert die gesamte Geschichte der Menschheit, evolutionäre Bewegungsmuster, Reflexe und persönliche Erfahrungen. Verdrängte aus dem Bewusstsein, aber in uns lebende Angst, Furcht und veränderte Wahrnehmung der Realität können durch körperliche Aktivität während des Tanzes durchgearbeitet und ausgestoßen werden.

Um geheilt zu werden, ist es absolut nicht notwendig, tanzen zu können. Spontane, authentische Bewegungen des Körpers eröffnen den Zugang zu verborgenen Erinnerungen und Erfahrungen und ermöglichen es Ihnen, sich von diesen zu befreien. Hören Sie einfach die Musik und auf die Impulse Ihres Körpers. Ihr Hauptziel ist es, Ihren Körper mit Energie zu versorgen. Angenehme Körperempfindungen während der Tanzbewegungen neutralisieren negative affektive Blockaden, die mit der Vergangenheit verbunden sind und in unserem Ich existieren.

Tanzen Sie Ihre Angst weg und verschmelzen Sie sich mit Musik. Lassen Sie ihren Körper alles machen, was er will, lösen Sie alle ihre Verkrampfungen, verschmelzen, vergessen Sie sich in Transmusik und Tanz.

Sie können dynamische Meditationen YouTube finden.

19. Laut schreien

Gehen Sie raus in die Natur: aufs Feld, in den Wald, in die Berge, was näher zu Ihnen liegt. Es ist besser, wenn es früh am Morgen oder ganz später am Abend ist. Sie werden mit der Natur allein sein.

Breiten Sie Ihre Arme hoch in den Himmel, werden Sie gedanklich größer, verschmelzen Sie sich mit der Natur und dem gesamten Universum und schreien Sie laut mit aller Kraft:

„Ich bin mächtig, ich bin die Macht, ich wähle nur das Beste für mich selbst! Alle Wege stehen mir offen!"

Wählen Sie die Leitsätze, die Sie sprechen möchten, und rufen Sie sie laut aus! Ausatmen! Sie sind frei von jeglichen negativen Gedanken und Ängsten! Sie sind ein Schöpfer!

20. Singen Sie Ihre Ängste ab

Eine andere Möglichkeit Ihre Emotionen zu ändern, besteht darin, die Gedanken Ihrer Angst abzusingen. Buchstäblich zu singen was in den Kopf kommt, z.B.: *„Das Virus ist in meinen Körper gelangt. Jetzt werde ich krank. Es wird sich vermehren und ich werde sterben."* Klingt schrecklich dumm? Sie sitzen hier und leiden unter schrecklichen und schweren Symptomen und ich bitte Sie noch dazu, ein Lied zu summen?!

Das ist aber keine schlechte Idee. Wenn Sie über Ihre Ängste singen, wird es für Sie physisch unmöglich, im gleichen Stresszustand zu bleiben. Ja, das mag vielleicht dumm sein. Ja, es mag lächerlich aussehen, aber es könnte funktionieren!

Hier erfahren Sie, wie es geht. Wählen Sie einen kurzen Satz, der Ihre Phobien und Ängste beschreibt. Ignorieren Sie die Bedeutung, wiederholen Sie einfach die Wörter selbst mit einer einfachen Melodie. Versuchen Sie, dieses Motiv einige Minuten lang beizubehalten.

Ich verspreche Ihnen nicht, dass Sie sich beim Summen Ihrer Ängste sofort glücklich fühlen werden. In der Tat werden Sie sich zunächst höchstwahrscheinlich noch ängstlicher fühlen. Machen Sie einfach weiter. Und während Sie singen, abstrahieren Sie sich vom Inhalt Ihres Liedes. Sobald Ihre Gefühle in Bezug auf Phobien schwächer werden, lenken Sie Ihre Aufmerksamkeit auf etwas anderes.

21. Klopftechnik

Überall an unserem Körper gibt es Punkte, die mit verschiedenen Organen, Körperbereichen, Wirbeln und Gelenken in Verbindung stehen. Die Punkte liegen auf den Meridianen. Angst ist ein energetischer Zustand und das Symptom einer energetischen Blockade in unserem Energiesystem. Diesen Zustand kann man durch das Beklopfen von ausgewählten Akupunkturpunkten auflösen und den Energiefluss wieder ins Gleichgewicht bringen.

Diese MET-Technik (Meridian-Energie-Technik) aus traditioneller chinesischer Medizin und Kinesiologie ist für die Bekämpfung von Ängsten und anderen negativen Gefühlen von unschätzbarem Wert. Viele verschiedene einzelne Ängste kann man mit Klopftechniken bekämpfen. Durch die sanfte Stimulation können Sie auch negative Emotionen „wegklopfen" und somit erlebte Geschehnisse oder aktuelle Situationen unmittelbar von damit zusammenhängenden negativen Gefühlen lösen.

Dass diese Technik sehr wirkungsvoll ist, beweisen zahlreiche Studien. Dies kann medizinisch zum Beispiel damit belegt werden, dass der Serotoningehalt im Blut sehr stark steigt, wenn man die Klopftechnik anwendet. Serotonin ist eines der wichtigsten Glückshormone, die uns gerade im Angstzustand fehlen. In Kombination mit der tiefen Atmung, mit welcher wir von außen zusätzlich Impulse der Ruhe und Geborgenheit geben, wird unserem Körper direkt vermittelt, dass kein Grund zur Angst und Panik besteht.

Sie haben die Möglichkeit, mit der Klopftechnik auch vergangene Situationen aufzuarbeiten. Sie können die Klopftechnik auch vorbeugend einsetzen. 2-5 Minuten täglich reichen völlig aus, um Fortschritte zu sehen.

Sie können diese Technik schnell erlernen.

Zum Klopfen werden sechs Punkte im Körper benötigt. Das sind:

1. Der Augenbrauenpunkt an der inneren Augenbraue und an der Nasenwurzel auf dem Blasenmeridian.
   Der Punkt am äußeren Augenwinkel an der Schläfe, liegt auf dem Gallenblasenmeridian.
2. Der Punkt unter dem Auge ist der Jochbeinpunkt auf dem Magenmeridian. Das Beklopfen dieses Punktes kann bei Übelkeit helfen.
3. Der Punkt unter der Nase über der Oberlippe. Er liegt auf dem Gouverneurs- oder auch Lenkergefäß.
4. Der Punkt unterhalb der Lippe befindet sich auf dem Konzeptionsgefäß.
5. Der Nierenpunkt liegt ca. 1 cm unterhalb von Schlüsselbeingelenk in der kleinen Grube. Hier werden die beiden „Angstpunkte" auf beiden Seiten gleichzeitig beklopft, denn an dieser Stelle lösen sich oft schon die negativen Gefühle auf.

Sehen Sie sich die Punkte auf dem Bild unten an.

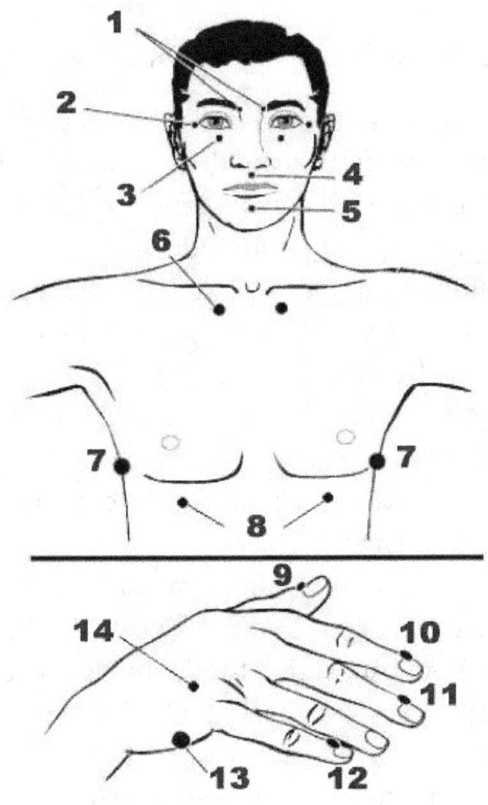

<u>Die Technik geht so:</u>

Mit den Fingerspitzen von Zeige- und (oder) Mittelfinger klopfen Sie sanft auf die entsprechenden Punkte der Reihe nach, angefangen beim Augenbrauenpunkt (1) bis zu den Nierenpunkten (6) ca. 5-15 Mal pro Punkt. Klopfen Sie in einer Schnelligkeit von 2 bis 3 Schlägen pro Sekunde. Es darf sich angenehm anfühlen.

Punkt 6 sind die beiden Schlüsselbeinpunkte, auch Nierenpunkte genannt, können Sie mit dem Daumen und Zeigefinger einer Hand ca. 7-8 cm Abstand gleichzeitig sanft klopfen. Man kann auch mit Zeige- und Mittelfinger jeder Hand die beiden Punkte gleichzeitig beklopfen.

Vor dem Klopfen definieren Sie einen Wert ihrer Angst (ihres Gefühls) zwischen 0 und 10, indem 10 sehr starke Intensität bedeutet. Nach dem Beklopfen hören Sie hinein und bewerten wieder die Intensität Ihrer Angst. Wenn Sie noch ziemlich hoch ist, wiederholen Sie den Vorgang.

Bei dem Klopfen brauchen Sie einen <u>Klopfsatz oder Behandlungssatz</u>. Der Behandlungssatz beschreibt ihre Gefühle wie z. B Angst oder Ärger, welches sie auflösen möchten. Ihr Energiesystem im Körper muss sich darauf einstimmen und wissen, worum es geht, wenn Sie sich in ihr Thema hineingefühlt haben. Also richten Sie ihren Fokus genau auf dieses Gefühl der Angst oder des Ärgers oder eine damit verbundene Situation und sprechen Sie es die ganze Zeit während des Klopfens laut aus. Sie sind dann gedanklich und gefühlsmäßig mit ihrem Thema und dem Unterbewusstsein verbunden.

In dem Blocksatz können Sie alles sagen, was ihnen einfällt, was Sie gerade spüren oder was sie belastet. Ihrem Einfallsreichtum bezüglich Ihrer aufzulösenden negativen Gefühle sind keine Grenzen gesetzt. Wiederholen Sie das mehrmals beim Klopfen. Falls es nötig ist, stellen Sie sich mit geschlossenen Augen Ihre angstmachenden Situationen beim Klopfen aller Akupunkturpunkte vor. Somit kann die Blockade in ihrem Energiesystem aufgelöst werden und die Angst verschwindet.

Hier gibt es ein paar allgemeine Beispiele für einen Klopfsatz:

Meine Angst vor Prüfungen;

Meine Angst, dass es was Schlimmes passiert;

Meine Angst vor engen Räumen;

Meine Angst vor der Angst;

Meine Angst vor der nächsten Panikattacke;

Meine Wut auf meinen Chef;

Meine Angst vor Arbeitslosigkeit;

Meine Angst vor negativen Gedanken etc.

Falls die Angst noch nicht weg ist, beginnen Sie mit dem Beklopfen der restlichen Angst und restlichen Wut bis Sie ganz entspannt sind. Wenn sich Ihr Gefühl nach dem Klopfen ändert, z.B. spüren Sie jetzt statt starker Angst Unbehagen, formulieren Sie einen neuen Behandlungssatz: *Mein Unbehagen wegen …*

Wenn ein tiefes Durchatmen kommt, ist Ihre Angst aufgelöst und sie sind ruhiger und entspannter.

Vergessen Sie nicht, viel Wasser zu trinken, denn Sie entgiften Ihren Körper auch durch das Klopfen.

Um das Ganze im Gehirn zu verankern, beklopfen Sie zum Abschluss noch die Punkte auf dem Handrücken (siehe Bild oben). Dabei sollen möglichst viele Gehirnareale angesprochen werden. Sie können noch bestimmte Augenbewegungen machen, zählen und summen. Durch die Handrücken-Serie wird die emotionale Belastung noch einmal reduziert und sie wirkt ebenso beruhigend, weil sie die linke und rechte Gehirnhälfte synchronisiert und den Energiefluss in den Meridianen harmonisiert.

Wenn ein tiefes Durchatmen kommt, ist Ihre Angst aufgelöst und sie sind ruhiger und entspannter. Sie sollten jetzt in einem Zustand von Gelassenheit oder innerem Frieden sein.

Vergessen Sie nicht viel Wasser zu trinken, denn Sie entgiften ihren Körper auch durch das Klopfen. Klopfen kann bis zur Erschöpfung führen, deshalb sollte man sich danach eine halbe Stunde ausruhen. Beim Auflösen eines Problems kann auch häufiges Gähnen entstehen, weil im Gehirn neuronale Veränderungen passieren. Das Auflösen von negativen Gefühlen bringt eine körperliche Entgiftung mit sich.

Diese Technik ist im Buch von Rainer Franke „Klopfen Sie sich frei! MET Meridian-Energie-Techniken: Einfaches Beklopfen zur Selbsthilfe" sehr ausführlich beschrieben.

22. Negatives ausatmen

Wenn Sie negative Gedanken haben, atmen Sie tief ein, atmen aus und mit der Ausatmung schieben Sie diese Gedanken und Verspannungen im Körper aus Ihrem Körper entschieden weg.

Danach stellen Sie sich vor, wie der goldene, weiße oder violette Lichtstrahl sie durchdringt und von oben bis nach unten reinigt und Ihnen die Kraft gibt.

Wiederholen Sie diese Übung immer wieder bei Bedarf.

23. Ho`oponopono

Das ist eine sehr alte, hawaiianischen Vergebungstechnik, die zur Lösung von alten längst überholten negativen, emotionalen, mentalen Programmen, Glaubensätzen und negativen Mustern führt. Mit Ho´oponopono kann man die Dinge, die unser Leben beeinflussen, auf die korrekte und harmonische Weise verändern.

Ho´oponopono ist ein hawaiianisches Wort, das wörtlich „Dinge reparieren" oder „In Ordnung bringen" bedeutet.

Darüber können Sie ausführlich im Buch von Joe Vitale lesen. Er berichtet dort über Dr. Ihaleakala Hew Len und seine Geschichte der Heilung von mehreren psychisch kranken Verbrechern in der psychiatrischen Abteilung des Staatsgefängnisses. Diese Begebenheit, die in den letzten zwanzig Jahren im Internet weit verbreitet wurde, bildete mit den Auftakt für die große Bekanntheit von Ho´oponopono in Nord- und Südamerika sowie in Europa.

Der Doktor hat keine Gespräche mit den Insassen geführt. Es wurde ihm gestattet, nur die Krankenreporte der Gefangenen zu lesen. In den folgenden vier Jahren las er mehrmals täglich die Berichte über die Gefangenen und fragte sich dabei: „Was ist in mir an Dunkelheit, an Negativem und an Gewalt, dass es so etwas in meiner Welt gibt? Wie kann ich es in mir neutralisieren?" Er wiederholte Ho'oponopono-Mantra nach hawaiianischer Tradition und die Situation im Gefängniskrankenhaus begann sich zu verbessern. Nach vier Jahren waren bis auf zwei Gefangene alle Insassen geheilt.

Er erklärte in einem Interview, er habe nur an seiner eigenen Reinigung und der Löschung von Informationen in seinem Unterbewusstsein gearbeitet. Er sprach nicht von Heilung, sondern betonte, die Lösung des jeweiligen Konflikts sei erfolgt, weil er einhundert Prozent Verantwortung für das Vorhandensein der Gefangenen in seinem Leben übernommen hatte.

Es ist eine Methode, sich von innen heraus zu heilen. Deshalb wird es „The Ho`oponopono Self-Authenticity Method" genannt.

Bei der Ho`oponopono-Mantra werden vier Schlüsselphrasen nacheinander wiederholt:

- *Es tut mir leid!*

- *Bitte vergib mir!*

- *Ich danke dir!*

- *Ich liebe dich!*

Was bedeuten diese vier Phrasen?

<u>Es tut mir leid!</u>

Mit dieser Phase übernimmt man die Verantwortung für das, was passiert ist.

<u>Bitte vergib mir!</u>

Mit diesem Satz bitten wir die Höheren Mächte um Hilfe und Vergebung für das, was passiert ist.

<u>Ich danke dir!</u>

Danke ist die höchste Form des Gebets. Wir sagen „Danke" im vollen Vertrauen, dass die Heilung geschieht. Man glaubt, dass es geschehen ist und dadurch geschieht es. „Danke" für das Wunder. Auch wenn ich es noch nicht sehen kann, so weiß ich doch, dass es bereits auf dem Weg zu mir ist.

<u>Ich liebe Dich!</u>

Liebe zu sich selbst ist das mächtigste Mittel zur Selbstreinigung. Indem wir uns selbst reinigen, reinigen wir die Welt um uns herum. Wir machen sie perfekter und verbessern gleichzeitig uns damit.

Auf diese Weise senden wir auch Liebe zum Universum, zu Gott. Der Mensch wird sozusagen auf null gesetzt, negative Erinnerungen werden aus dem Gedächtnis gelöscht. Wenn Sie diese Sätze jeden Tag sagen, unabhängig davon, ob etwas passiert oder nicht, werden Wunder geschehen. Je reiner, sauberer die innere Welt ist, desto schneller werden alle guten Dinge im Leben geschehen.

Stellen Sie sich vor, Sie führen ein Leben frei von allen Fehlern der Vergangenheit, schlechten Gefühlen und negativen Gedanken. Stellen Sie sich vor, Sie sind frei von Ängsten, Schuldgefühlen und Überzeugungen, die Ihre Gesundheit und Ihr Leben bedrohen. Durch intensive Vergebung und Vergebungsrituale sowie Gebete erhöhen sich auch die Selbstheilungskräfte enorm. Aber in erster Linie stellen Sie sich vor, Sie leben jeden Tag glücklich.

Traditionell wird empfohlen, Ho`oponopono so oft wie möglich zu wiederholen, wenn sich eine solche Gelegenheit ergibt: beim Spaziergang, wenn wir zur Arbeit gehen, Hausarbeiten erledigen oder einfach nur entspannen.

Diese Meditation sollte man in einer ruhigen Umgebung hören. Sie können es jeden Tag tun, bis Sie eine Veränderung spüren.

Versuchen Sie sich vorzustellen, was für eine wunderbare Kraft in Ihren Händen liegt und wie Sie sie nutzen können.

Wiederholen Sie sich mehrere Male folgende Worte (empfohlen wird 108 Mal hintereinander. 108 ist eine wichtige und mystische Zahl.):

Es tut mir leid.

Bitte vergib mir.

Ich liebe dich.

Danke.

24. Es ist vorbei!

Ändern Sie den Rhythmus Ihrer Atmung. Atmen Sie tief ein, atmen Sie erleichtert aus.

Laut aussprechen: *Es ist vorbei!* (Wenn Sie Probleme und Ängste loslassen wollen)

Einige der tief verwurzelten Gedanken und Erfahrungen können Sie weiterhin ablenken und verfolgen. Stellen Sie sie sich dann als gewöhnliche Wolken vor, die durch Ihr Bewusstsein und durch Sie schweben. Stellen Sie sich vor, Ihre ruhige Atmung ist nur der Wind, der sie leicht ins Universum wegbläst und streut.

Versuchen Sie nicht, die Wolkengedanken zu vertreiben, sondern beobachten Sie sie und folgen Sie Ihrer Atmung.

Sie können diese Technik für unerwünschte Gedanken, Angst, Wut, Eifersucht, Scham und Unbeholfenheit verwenden.

Sie müssen sich dabei völlig befreit fühlen. Bei Bedarf mehrmals wiederholen.

25. Geführte Meditationen und Hypnosen

Wenn Sie Ihre Gedanken und Emotionen scheinbar nicht unter Kontrolle bringen können, kann eine geführte Meditation und Hypnose Abhilfe schaffen. Sie werden durch eine angenehme Stimme und schöne Musik begleitet.

Meditation ist ein fester Bestandteil vieler spiritueller Traditionen. Die positiven Effekte auf Körper und Geist sind mittlerweile auch wissenschaftlich erforscht.

Eine regelmäßige Meditationspraxis kann die Struktur unseres Gehirns nachhaltig verändern und uns helfen, besser mit unseren **Gedanken und Gefühlen** umzugehen. Meditation fördert die

- Konzentrationsfähigkeit,

- Gelassenheit,

- Entspannung

- und körperliche Gesundheit.

Bei einer geführten Meditation brauchen Sie nur allen Anweisungen aufmerksam zu folgen. Die geführte Meditation kann ein wertvolles Werkzeug sein, um den meditativen Zustand kennenzulernen und zu erfahren.

Während der Meditation lenken Sie Ihre Aufmerksamkeit nach innen, statt in der äußeren Welt mit ihren Ablenkungen zu verharren. Mithilfe einer geführten Meditation ist es deutlich leichter diesen Fokus zu erreichen.

Auf YouTube finden Sie eine riesige und vielfältige Auswahl an geführten Meditationen und Hypnosen. Egal, ob Sie meditieren lernen wollen oder schon viel Erfahrung haben. Sie finden garantiert eine passende Anleitung.

26. Die violette Flamme

Stellen Sie sich eine violette Flamme vor, die Sie von oben durchdringt und reinigt.

Violett ist die Farbe und auch die Welt, in die die Menschheit durch Einweihung hineingeht. Sie ist das Königreich Gottes, auch bezeichnet als Garten Eden, Paradies, die überirdische Welt usw.

Die Violette Flamme ist eine spirituelle Energie, die von Heilern und Alchemisten eingesetzt wurde, um energetische Balance und spirituelle Veränderung zu erreichen. Sie wirkt sehr stark reinigend auf alle unsere Körper, sie heilt die Wunden aus vergangenen Leben und schützt uns vor negativen Energien. Die violette Flamme durchdringt jede Zelle und jedes Atom unseres Körpers. Das violette Feuer verwandelt alles Negative, egal wo es sich in unserem spirituellen oder physischen Körper befindet. Dazu gehört alles, angefangen bei einem einzigen Körnchen Selbsthass bis hin zu Krankheiten. Die violette Flamme löst Blockaden, entfernt Fremdbelastungen und transformiert schädliche Energien. Sie transformiert Energien, indem sie diese auflöst und in Energien des Ursprungs verwandelt.

Sprechen Sie noch ein <u>Dekret</u> dazu, das eine machtvolle spirituelle Energie weckt.

„ICH BIN ein Wesen des violetten Feuers! ICH BIN die Reinheit, die Gott wünscht!"

<u>Mantra der Violetten Flamme:</u>

OM LALO ALOIM LAMA LAMA LALOIM OM AUM AOLOIM EOLO ELO ALOIM

https://www.youtube.com/watch?v=1pY9xbNEdbg

Auf YouTube können Sie geführte Meditationen dazu finden.

Sie können darüber mehr im Buch „Die violette Flamme: Heilung für Körper, Geist und Seele" von Elisabeth Claire Prophet lesen.

27. Licht und Liebe

Nehmen Sie beim Aufstehen vor, den ganzen Tag Licht und Liebe zu sein: für sich selbst, für alle Menschen auf dem Planeten. Jedes Mal, wenn negative Gedanken auftauchen, lösen Sie sie in Licht und Liebe auf. Jeder Person, der sie begegnen, schicken Sie gedanklich viel Liebe. Sie werden sehen, dass Sie mindestens das 10-fache zurückkriegen.

Stellen Sie sich vor, wie aus Ihrem Brustbereich ein goldener, weißer oder rosafarbener Lichtstrahl herauskommt und alle Menschen um sie herum umgibt, einschließlich sie selbst. Sie sind nur Licht und Liebe, sie sind in Harmonie mit sich selbst und allen Menschen. Sie sind eins mit allem. Nichts kann Sie aus dem Gleichgewicht bringen.

28. Ort Ihrer Ressourcen

Bei dieser Übung setzen wir unsere Visualisierungskraft ein. Visualisierungen sind ein unheimlich wirkungsvolles Werkzeug. Stellen Sie sich einen angenehmen Ort vor, an dem Sie sich oft im wirklichen Leben oder in der Fantasie befinden.

Was machen Sie dort? Wie ist das Wetter? Was tragen Sie? Was sehen Sie da? Welche Gerüche und Geräusche nehmen Sie wahr? Sehen Sie alle Details.

Atmen Sie die Luft tief ein, machen Sie dort, was Sie wollen. Energie tanken, singen, rennen, schreien, was auch immer Sie machen wollen.

Zum Beispiel ist mein Kraftort ein fiktiver Garten, in dem ich mich schön, jung, gesund, glücklich und frei sehe. Ich habe dort meine eigene Bank, Vögel, Schmetterlinge fliegen um mich herum, es duftet nach Flieder in der Luft. Ich atme den Duft von Flieder ein und fühle mich großartig. Es gibt einen Wasserfall in der Nähe und ich stehe unter den warmen Strahlen des Wasserfalls. Das rieselnde Wasser wäscht mir jeglichen mentalen Schmutz, Müdigkeit und Angst weg. Ich fühle mich wie neugeboren und stark.

Wiederholen Sie diese Übung regelmäßig.

29. Rieselndes Wasser

Die Übung ähnelt der vorherigen Technik mit dem Wasserfall aus meinem Kraftort.

Diese Übung ist gut, wenn das Wasser fließt und rieselt. Das kann Wasser aus dem Wasserhahn, Bach oder noch besser einem starken Wasserstrahl aus dem Wasserfall sein.

Stellen Sie sich vor, wie ein starker Wasserstrahl Sie und Ihre Gedanken reinigt und alles Schmutzige wegspült. Sie können sich unter einem Wasserfall vorstellen und sich geistig mit Wasserströmen reinigen.

Falls negative Gedanken oder Ängste stark sind, müssen Sie diese Technik häufig anwenden und den mentalen Schmutz immer wieder wegwaschen.

Zuerst werden Sie sich wie auf einem dünnen, zerbrechlichen Eis fühlen, Ihr Gehirn wird widerstehen und aus Gewohnheit wieder negativ denken. Aber allmählich wird sich das Eis dicker sein und positive Gedanken werden sich gegen das Böse durchsetzen! Es ist wie in allen Märchen, das Gute siegt immer das Böse!

30. Angenehme Aktivitäten

Finden Sie jetzt heraus, was für Sie angenehmer zu denken, angenehmer zu tun und angenehmer zu fühlen wäre, als das, was Sie jetzt gerade denken und machen. Erstellen Sie eine lange Liste mit Sachen, Aktivitäten, die sie lieben und gerne tun. Hören Sie, sehen Sie, was Sie inspiriert und Ihnen hilft, Ihren Gedankenfluss zu ändern: schöne Musik, ein schöner Film, ein Treffen mit positiven Leuten.

Fragen Sie sich: *Was könnte ich jetzt für mich tun, damit es für mich einfacher, schöner und angenehmer wird?*

Dies können die primitivsten und alltäglichsten Dinge sein, wie eine Tasse Kaffee mit Kuchen zu essen. Nehmen Sie eine Tasse an den Mund und trinken sie langsam und genüsslich. Sie können auch einen langen Schluck aus einem Getränk über einen Strohhalm nehmen.

Wir fühlen uns auch entspannt, wenn wir etwas essen, d. h. Kaubewegungen stimulieren Nerven für die Beruhigung. Das geht, indem wir einen Snack zu uns nehmen oder einen Kaugummi kauen. Nur 3 Minuten Kaugummikauen reduziert den Stresshormonspiegel. Psychologen erklären diesen Effekt auf unterschiedliche Weise. Man sagt, dass Kaubewegungen uns unbewusst in die Kindheit zurückversetzen und an die Empfindungen der Kindheit während des Stillens erinnern, was uns beruhigt. Andere Experten glauben, dass das Kauen die Insulinproduktion stimuliert, was sich positiv auf die Bereiche des Gehirns auswirkt, die für die Stimmung verantwortlich sind.

All das signalisiert dem Körper, dass keine Gefahr besteht. Er wird dann den Schalter für den Ruhezustand aktivieren und wir werden uns entspannter fühlen.

Tun Sie dies und wiederholen Sie den Zyklus regelmäßig. Genießen Sie die Kleinigkeiten, schalten Sie ab.

31. Kunsttherapie zu Hause

Wecken Sie den schlafenden Künstler in Ihnen auf. Die heilende Wirkung der Kunsttherapie ist seit langem bewiesen. Sie müssen kein Meisterwerk schaffen. Selbst wenn der Löwe in Ihrer Zeichnung eher wie ein Löwenzahn aussieht und auf den ersten Blick niemand erahnen konnte, dass Sie versucht haben, keinen „großen grauen Fleck", sondern einen Esel zu zeichnen - das spielt keine Rolle!

Denn trotzdem hat sich Ihr Kopf von drängenden Problemen abgeschaltet. Im Gehirn haben sich die Zonen aktiviert, die für Kreativität und abstraktes Denken verantwortlich sind. All dies reduziert den Stress. Sie wollen nicht selbst etwas malen?

Dann probieren Sie die beliebten Anti-Stress-Malbücher oder Mandalas für Erwachsene.

32. Das Problem dem Universum übergeben

Übertragen Sie alles, was Sie nicht lösen können, Ihrem Höheren Ich oder dem Universum (was für Sie besser klingen mag). Das Universum hat keinen Mechanismus, um Ihnen „Nein" zu sagen. Formulieren Sie vor dem Einschlafen Ihren Wunsch, Ihr Problem:

„Ich gehe schlafen. Mein Höheres Ich findet die Lösung für mein Problem mit ... Ich bin gespannt, wie das Universum (mein Höheres Ich) dieses Problem löst."

Morgens beim Aufstehen lächeln Sie und freuen sich über den bevorstehenden Tag. Genießen Sie Ihr Leben und erhöhen Sie Ihre Vibrationen, machen Sie nur angenehme Sachen aus Punkt 30.

33. Technik Rose

Bei dieser Technik falten oder entfalten wir die Situation.

<u>Schritt 1 Unerwünschtes</u>

Wenn Sie Probleme und lästige Gedanken haben und Sie gedanklich nicht in die rosige Zukunft Ihrer Wunschsituation springen können, falten Sie die Situation einfach in eine Knospe und entfernen Sie sie weit weg.

Sie können sich dabei sagen: *Diese Situation war gestern. Die gestrige Situation schalte ich aus und betrachte sie von der Seite, ohne mich mehr damit zu beschäftigen. Ich frage mich, wie mein Höheres Ich mit der Situation umgehen wird, die in eine Knospe verwandelt ist.*

Unerwünschte Gedanken können Sie ebenfalls in eine Knospe falten und entfernen.

<u>Schritt 2. Wunschsituation</u>

Denken Sie an eine Situation, die genauso noch nicht aufgegangen ist, wie eine Knospe, und beginnen Sie, sie zu entfalten.

Färben Sie die neue Realität ein, Detail für Detail. Zum Beispiel: Sie brauchen eine neue Arbeitsstelle. Stellen Sie sich vor, wo Sie was machen, wie Ihr Tag ist, was Sie tragen, wie Sie sich fühlen etc. Machen Sie diese Situation schon präsent in ihrem geistigen Auge. Sie wird wie eine Rose aufblühen und Sie bekommen, was Sie wollen. Sie müssen nur daran glauben! Aus jeder Knospe entsteht irgendwann eine Blume.

34. Fokustraining

Denken Sie darüber nach, was Ihre Aufmerksamkeit die meiste Zeit auf sich zieht und Energie nimmt. Wählen Sie drei Objekte - schwarze Löcher, die Sie Ihrer Aufmerksamkeit berauben.

Drücken Sie Ihre Absicht aus:

Ich entziehe bewusst und entschlossen meine Kraft für die nächsten 10 Tage von drei Objekten. Das ist meine Entscheidung!

Jedes Mal, wenn diese Dinge Ihre Aufmerksamkeit auf sich ziehen, lenken Sie mit Ihrer ganzen Willenskraft Ihre Aufmerksamkeit entweder auf sich selbst oder auf Ihr Ziel.

Sie können symbolisch arbeiten. Stellen Sie sich vor, Aufmerksamkeit ist wie eine Taschenlampe, wie ein Scheinwerfer, und Sie richten sie auf sich selbst (stellen Sie sich zum Beispiel Ihre Idealfigur vor, ihre Wunschbeziehung) oder auf ein Ziel, z.B. eine neue Arbeit, mehr Geld etc...

Wenn negative Gedanken auftauchen - projizieren Sie das Scheinwerferlicht durch eine willensstarke Anstrengung sofort auf Ihr Ziel.

35. Arbeit mit innerer Aggression, Wut

Dies ist auch eine Übung aus dem NLP. Wir bauen bewusst Beziehungen zu Aggression, Wut und Ablehnung auf. Es ist Macht und diese Gefühle besitzen kraftvolle Energie. Wenn wir nicht lernen, diese Energie für friedliche Zwecke zu nutzen, wird sie uns von innen zerstören. Wir werden diese Energie in unseren Dienst stellen.

<u>Arbeitstechnik:</u>

1. Schreiben Sie Ihre Ziele auf (7-10 Ziele im Fokus)

Platzieren Sie sie visuell im Raum oder auf der Linie. Sobald Sie eine innere Aggression oder eine andere negative Emotion spüren, lenken Sie Ihre Aufmerksamkeit sofort dorthin (z. B. im Kopfbereich, im Bauch, Hals usw.).

2. Wir sammeln schnell symbolische Informationen darüber, wie diese Aggression verschlüsselt ist.

Wo befindet es sich im Körper?

Welcher Farbe?

Welche Temperatur?

Was ist die Konsistenz? Dies ist eine visuelle Codierung.

3. Wir behalten unsere Aufmerksamkeit dort und stärken alle Parameter. Es ist notwendig, die Farben greller zu machen, die Temperatur höher, die Textur intensiver.

Und stellen Sie sich sofort vor, wie ein Pfeil, ein Haken, eine Schlaufe, eine Pfote oder ein Lasso (was für Ihre Fantasie attraktiver ist) von diesem Punkt im Körper herausstürmt.

Sie werfen ein Lasso aus Ihrer inneren Aggression auf das gewünschte Ziel und ziehen es zu sich.

4. Lassen Sie die Schleife sicher auf Ihrem Ziel. Lassen Sie das Unterbewusstsein das Signal empfangen:

Ich brauche es! Ich benutze meine Aggression, meine negativen Gedanken, um meine Ziele zu erreichen.

Üben Sie 5-7 mal.

36. Stopp! Alles zum Geld und zur Liebe

Immer, wenn Sie in ein negatives Gedankenkarussell geraten, können Sie Ihren Gedankengang stoppen. Schnippen Sie mit dem Finger. Sagen Sie zu sich: *Stopp! Alles ist gut.* Suchen Sie Übergang zu anderen ermunternden Gedanken oder denken Sie an Ihre Wünsche: *z.B. es kommt Liebe, Geld, Gesundheit. Ich genieße es!*

In diesem Fall können Sie negative Gedanken in Ihren Dienst stellen. Jedes Mal, wenn sie auftauchen, erinnern Sie sich sofort an Ihre Ziele und Träume.

Es gibt auch einen kleinen psychologischen Trick - legen Sie ein enges Gummiband an Ihr Handgelenk. Sobald Sie die ersten Anzeichen von Angst, Stress, Müdigkeit, Schläfrigkeit, Reizbarkeit, Konzentrationsstörungen spüren, ziehen Sie das Gummiband mehrmals zurück, damit es schmerzhaft an Ihrem Handgelenk schnappt. Sofortiger flüchtiger Schmerz mobilisiert das Gehirn, lässt es „aufwachen", lenkt ab und wechselt in einen anderen Modus. Dann werden Probleme einfacher und schneller gelöst, und dies hilft, Stress und Angst auf Distanz zu halten.

37. Taktik. Magie von drei Schritten

<u>Erkennen, auf etwas Anderes Aufmerksamkeit lenken, befestigen.</u>

Das ist eine Taktik aus den Fortschritten der Neuropsychologie, es geht hier um Neuronen.

1. Erkennen Sie negative Gedanken, wenn das Gehirn in die Selbstzerfleischung gerät.

2. Denken Sie sofort an angenehme Erinnerungen. Sie schaffen somit neue neuronale Bahnen. Lenken Sie sich völlig ab und wechseln Sie zur Dankbarkeit. Nur 10 Sekunden Dankbarkeit reichen aus. Können Sie in Ihrem Leben für das danken, was Sie umgibt? Familie, Wasser, Uhr auf der Hand, Geld etc.

3. Positive Erinnerungen verstärken, genießen. Bleiben Sie mindestens 10 Sekunden lang positiv. Der letzte Schritt ist nötig, um die Gewohnheit zu ändern. Auf diese Weise transformieren wir die Arbeit des Gehirns auf positive Gedanken. Stellen Sie die Arbeit der Neuronen auf den Kopf.

38. Erweiterung

Jedes Mal, wenn Sie Angst oder andere negative Empfindungen spüren, verbinden Sie sich mental mit einem Lichtstrahl von oben und einem Strahl von unten, der aus dem Zentrum der Erde geht. Die beiden Lichtströme von oben und unten verbinden sich in Ihrer Mitte.

Heben Sie Ihre Arme in den Himmel hoch, breiten Sie sie aus, atmen Sie tief ein und stellen Sie sich mental vor, einen Meter größer um sich herum zu sein. Dann sind Sie größer als der Raum, größer als Ihre Wohnung, Ihr Haus, größer als eine Stadt, Land,

Planet... Sie sind größer als das Universum. Sie sind mit allem vereint! Sie sind unbegrenzt, unsterblich und mächtig. An welche Ängste und Probleme soll man hier überhaupt denken?

39. Kopfkino

Wir können nicht gleichzeitig an mehrere Dinge denken, Gott sein Dank. Deswegen können wir das Gehirn mit etwas Positivem beschäftigen. Stellen Sie sich vor, Sie würden einen Liebesfilm in ihrem Kopf drehen und nicht einen Horrorfilm. Der Horrorfilm ist doch langweilig. Erstellen Sie lieber eine schöne Liebesgeschichte in Ihrem Kopf. Benutzen Sie Ihren Verstand anders.

Produzieren Sie immer gute Filme in Ihrem Kopf. Stellen Sie sich einfach dort vor, wo Sie sein möchten, mit den Menschen, die Sie lieben. Stellen Sie sich vor, Sie wären dort stark, gesund, strahlend und geliebt. Also, so wie sie es wollen.

Tauschen Sie einfach einen Film aus. Wir können nicht anders als zu denken, Gedanken sind immer da. Warum also sie nicht einfach durch attraktive ersetzen? Negative Gedanken sind nur eine Gewohnheit, es ist wie ein kalter Kaffee, den wir nicht mehr trinken wollen, aber wir trinken ihn immer noch aus Gewohnheit, als ob uns jemand dazu zwingt. Machen Sie sich etwas Gutes, trinken Sie noch heute einen neuen heißen Kaffee oder ein anderes Lieblingsgetränk und genießen Sie einen neuen Geschmack!

Horrorfilme werden versuchen, Ihre Gedanken zu durchbrechen, aber Sie werden Ihren Liebesfilm wieder einschalten. Wieder und wieder. Am Ende wird ein schöner Film gewinnen. Ihr Körper wird sich von angenehmen Gedanken besser fühlen und Ihr Verstand wird nicht zum Alten zurückkehren wollen.

40. General und Soldaten

Visualisieren Sie: Sie sind General und Ihre Gedanken sind Soldaten. Es gibt Soldaten mit einem Pluszeichen und es gibt Soldaten – negative Gedanken, die Ihnen Schaden zufügen möchten. Dann schicken Sie diese weit weg von Ihnen, damit sie Ihnen Ihren Wunsch bringen.

Wenn Sie einen neuen Job bekommen möchten, stellen Sie sich vor, wie ein schwarzer Trupp dieser schädlichen Soldaten (Ihre negativen Gedanken) Sie verlässt und die ganze Aufmerksamkeit auf Ihr Ziel richtet. Diese Soldaten umgeben Ihr Ziel und ziehen es zu Ihnen (z.B. einen Job). Stellen Sie sich klar vor, wie Sie diesen Job bekommen und wie aufgeregt und glücklich Sie sind, wenn Sie den Arbeitsvertrag unterschreiben. Wie viel Spaß Sie bei der Arbeit haben. Lästige Soldaten haben Ihnen einen guten Dienst geleistet.

Danken Sie Ihnen und verabschieden Sie sich von Ihnen!

41. Feuerwerk

Wenn Angst oder ein unangenehmer Gedanke auftaucht, sprengen Sie ihn wie ein Feuerwerk in die Luft. Stellen Sie sich im Detail vor, wie der Himmel hell wird und Sie riesigen Spaß dabeihaben. Sie sind glücklich. Nehmen Sie dieses Ereignis mit allen Ihren Sinnen wahr. Sie feiern eine Party, weil Ihre zuvor konzipierten Wünsche, Träume bereits wahr geworden sind und Sie zu diesem Anlass ein Feuerwerk machen.

Bei dieser Technik schlagen wir zwei Fliegen mit einer Klappe. Wir neutralisieren die Angst und setzen diese Energie zur Wunscherfüllung ein. Auf diese Weise können sich Ihre Ziele schneller realisieren.

42. Portal

Diese Technik kann verwendet werden, um Angst, schlechte Gedanken und Schmerzen loszuwerden. Suchen Sie ein Portal, ein Tor, einen Tunnel, zwei Säulen o.ä. aus.

Sagen Sie zu sich:

Ich werde durch dieses Portal (o.ä.) hindurchgehen und die Angst (der Schmerz) wird verschwinden in dem Maße, wie ich mich davon entfernen werde.

Wir fügen hier beim Sprechen noch tiefes, bewusstes Atmen hinzu:

Jetzt werde ich bei jedem Einatmen und Ausatmen eine Unterstützung von meinem Höheren Ich erhalten.

Sie müssen dabei eine Welle der Entspannung spüren.

43. Antivirus gegen Angst

Nehmen Sie ein Stück Papier und erinnern Sie sich an die Gedanken, Situation, die Ihnen Angst machen, z. B.:

Ich habe Angst vor unangenehmen Gedanken, die mich zerstören.

Schreiben Sie es als Aussage auf.

Stellen Sie sich eine Frage:

- Was ist das Schlimmste, was passieren wird, wenn Gedanken, die mich zerstören, in meinen Kopf eindringen?

- Ich bekomme einen Kloß im Hals.

- Du hast einen Kloß im Hals. Was ist daran so schrecklich?

- Ich bin in Panik.

- Du bist in Panik. Was ist daran so schrecklich?

Etc.

Wir suchen die aufregendste Antwort, wir definieren negative Empfindungen im Körper. Wo? Wie sieht es aus? Dies ist eine einschränkende Einstellung.

Z. B. in diesem Fall eine einschränkende Einstellung:

1. Immer, wenn negative Gedanken in meinen Kopf kommen, werde ich in Panik geraten.

Jetzt finden wir die gegenteilige Aussage:

2. Immer, wenn negative Gedanken in meinen Kopf kommen, werde ich sie ruhig beobachten.

3. Auf jeden Fall kann ich mich frei und ruhig fühlen. (Schreiben Sie Ihre gewünschten positiven Gefühle auf).

Strecken Sie Ihre Arme aus und platzieren Sie das Negativbild von Punkt 1 auf eine Hand und das Bild von Punkt 2 auf die andere Hand.

Verkleinern Sie das erste Bild und lassen Sie es verblassen. Intensivieren Sie die Farben im zweiten Bild auf das 7-fache und fügen Sie Musik hinzu.

Jetzt verbinden wir zwei Überzeugungen oder zwei Teile der Persönlichkeit: 1 zu 7. Der positive Teil ist dabei symbolisch höher, stärker, mächtiger, bunter, heller.

Wir bringen uns nun unsere beiden Hände näher. In der Mitte ist Gleichgewicht und Harmonie. Wenn die Hände verbunden sind, sprechen Sie 3 Punkte wieder laut aus. Die Verankerung erfolgt.

Öffnen Sie Ihre Handflächen, als würden Sie sie unter Wasser halten.

Stellen Sie das endgültige positive Bild als Energie vor und legen Sie diese Energie in Ihre Hände.

Atmen Sie diese Energie in ein Körperteil, das reagiert oder wohin Sie wollen.

Einatmen - die Energie ist eingetreten.

Ausatmen – Sie fühlen wie Energie wie eine Welle über alle Zellen verteilt wird. Es geschieht ein Umschreiben auf DNA-Ebene. Jede Zelle leuchtet auf eine neue Weise anstelle des alten einschränkenden Programms.

Sie können sich dieses Bild, diese Energie, bis zu 3-mal vorstellen, wenn Sie möchten.

44. Kerze

Für diese Übung brauchen Sie Feuer.

Zünden Sie eine Kerze oder einen Kamin an und sehen Sie einige Minuten lang auf die Flammen. Geben Sie dem Feuer all Ihre Sorgen, all die Negativität, all die Ängste, die Sie loswerden möchten.

Stellen Sie sich vor, wie sich alles in einer hellen Flamme auflöst. Feuer gibt Ihnen bzw. Ihrem neuen Ich seine Energie ab.

45. Ändern der Gewohnheiten

Wählen Sie Aktionen und Gewohnheiten aus, die Sie ändern möchten. Wenn Sie beispielsweise Rechtshänder sind, putzen Sie Ihre Zähne oder essen Sie mit der linken Hand. Sagen Sie jedes Mal, wenn Sie es tun: *„Immer, wenn ich etwas mit meiner linken Hand mache, werde ich ein anderer Mensch, reicher, gesünder, stärker, selbstsicherer.“*

Gehen Sie einen neuen Weg zur Arbeit, stehen Sie ab jetzt früher auf, ändern Sie Ihre Essgewohnheiten, ändern Sie Ihren Style, Ihre Haarfarbe, reisen Sie öfter und erkunden Sie neue Sachen um sich herum, treffen Sie sich mit neuen Menschen etc.

Sie ändern Ihr Routineverhalten und somit Ihre schablonenhaften Gedanken. Sie formen also die Struktur Ihrer Gedanken, indem Sie sie in neue Bahnen lenken. Ihr Gehirn beginnt anders zu denken.

46. Sie sind der Baum

Wählen Sie einen starken, großen Baum, umarmen Sie ihn, reden Sie mit ihm, erzählen Sie ihm von Ihren Problemen, verschmelzen Sie geistig mit dem Baum - werden Sie zu einem Baum, mächtig und stark.

Stellen Sie sich vor, wie Wurzeln aus Ihren Füßen wachsen und Sie die Energie der Erde erhalten. Sie sind die Stärke.

47. Technik „Baum und Krähen"

Ihre Aufgabe ist es, sich einen sich ausbreitenden Baum vorzustellen.

Auf diesem Baum sitzen viele Krähen.

Visualisieren Sie dieses Bild in Farbe und Details. *Wie sind die Blätter auf dem Baum, dem Stamm, der Krone? Wie alt ist der Baum? Wo steht er? Was ist los? Wie sehen die Krähen aus? Hören Sie das Geräusch von Ästen, lautes Krächzen usw. Fühlen Sie wie der Wind auf den Blättern weht. Ist jetzt Tag oder Nacht? Scheint die Sonne oder ist es bewölkt?* usw.

Stellen Sie sich nun vor, dass all diese Krähen genau die Gedanken sind, die Sie belästigen.

Sie klatschen physisch laut in die Hände. In diesem Moment heben all diese Krähen (Gedanken) mit einem Geräusch ab und verschwinden in den Himmel.

Wenn noch ein paar Krähen sitzen geblieben sind, klatschen Sie erneut.

Jetzt sehen Sie einen leeren Baum, frei von Krähen. Und Ihr Kopf ist auch von obsessiven Gedanken befreit.

Diese Technik eignet sich hervorragend, um die Aufmerksamkeit zu lenken. Körperliche Verstärkung in Form eines Klatschens gibt dem Gehirn ein Stoppsignal. Versuchen Sie es. Schließlich kontrollieren Sie Ihre Gedanken, nicht sie Sie.

48. Affirmationen

Jedes Mal, wenn Angst und negative Gedanken auftauchen, sagen Sie sich:

„Ich verbiete mir, darüber nachzudenken! Ich werde der Angst jedes Mal mit 2 Minuten Affirmationen begegnen, indem ich mir das Gegenteil wiederhole."

Z.B.:

Meine Gedanken sind angenehm und ich bin in Sicherheit.

Ich bin ein Schöpfer und erschaffe mir die Realität, die ich will.

Alles wird so sein, wie ich es will! So ist es!

Einigkeit mit allen, mit dem Universum und Sieg!

Formulieren Sie ein paar Sätze für sich.

Wiederholen Sie diese immer und immer wieder.

Angst wird Sie wahrscheinlich wieder angreifen und Sie werden erneut mit Affirmationen kontern! Es ist unmöglich, gleichzeitig über zwei Dinge nachzudenken. Ihre Worte sind Ihre Macht!

Eine neue Gewohnheit wird geschaffen. Sie nehmen der Angst Ihre Energie und Ihre Aufmerksamkeit weg und schaffen sich eine neue Zukunft.

49. Spinning

Die Technik wurde von einem der Gründer des NLP Richard Bandler in einem seiner Bücher beschrieben und ist perfekt beim Umgang mit den unangenehmen Empfindungen im Körper, mit fast allen.

Es gibt viele Beweise, dass mit Hilfe dieser Technik Menschen sogar ihre Schmerzen lindern konnten.

Aber ich möchte Sie vorwarnen. Schmerz ist ein Signal dafür, dass mit dem Körper etwas nicht stimmt.

Es gibt aber auch psychosomatische Schmerzen oder Phantomschmerzen, wenn wir denken, dass etwas wehtun sollte. All diese Schmerzen kann man wunderbar mit Hilfe dieser Technik entfernen.

Spinning arbeitet mit Hilfe von Submodalitäten* und mit kinästhetischen Reaktionen.

Für welche Fälle eignet sich diese Technik?

Alle Empfindungen wie: Kloß im Hals, Schwere (Druck) in der Brust und im Magen, Kopfschmerzen etc.

Alle negativen Empfindungen, besonders Ängste sowie Phobien hinterlassen in unserem Körper eine Spur in Form von Verkrampfungen und diese kann man beseitigen.

<u>Die Technik:</u>

Suchen Sie einen ruhigen Ort und gleichen Sie Ihre Atmung aus: einatmen, ausatmen usw. Sie können noch eine schöne Melodie dazu einschalten.

Stellen Sie jetzt eine Frage an sich: *Wo im Körper spüre ich ein unangenehmes Gefühl, Schwere, Druck?*

Erinnern Sie sich an eine unangenehme Situation, an Ihre Angst oder stellen Sie sich eine Situation bzw. ein unangenehmes Ereignis vor.

Fragen Sie sich erneut: *Wo im Körper spüre ich das?*

Das kann im Hals, Brustbereich, Magen, Bauch, in den Schultern oder im Hinterkopf sein.

Wenn Sie ein schweres unangenehmes Gefühl in ihrem Körper lokalisiert haben, legen Sie Ihre Hand darauf, schließen Sie Ihre Augen für eine Weile, verbinden Sie sich mit diesem Gefühl. Sammeln Sie submodale Schablonen der Empfindungen.

***Submodalität** bedeutet im Neuro-Linguistischen Programmieren eine qualitative Untergliederung der fünf Sinnessysteme:

- Visuell (Sehen)
    - Bild (Foto) oder Film (Sequenz)
    - Bewegung (Art, Tempo) oder Standbild
    - Schwarz/weiß oder farbig
    - Helligkeit, Ausleuchtung, Lichteinfall
    - Klarheit, Kontrast, Schärfe
    - Bildgröße, Perspektive, Entfernung
    - Bildtiefe
    - Bildposition
    - Assoziiert oder dissoziiert
    - Rahmung
- Auditiv (Hören)

- o Lautstärke

- o Tonhöhe

- o Modulation: Melodisch oder monoton, Geschwindigkeit, Rhythmus

- o Tonalität: voll, dünn oder heiser, nasal, verzerrt, Echo

- o Harmonie oder Kakophonie

- o Position der Geräuschquelle: Woher kommen die Laute, Geräusche oder Stimmen?

- **Kinästhetisch (Fühlen, spüren, berühren)**

  - o Feucht, trocken, weich, hart, glatt oder rau

  - o Temperatur

  - o Ruhig oder in Bewegung: Körperhaltung, Geschwindigkeit und Rhythmus der Bewegung(en), Gestik

  - o Lokalität im Körper (eine Stelle oder überall)

  - o Druck (innen oder außen), Kribbeln, Spannung, Temperatur

  - o Intensität

- **Olfaktorisch (Riechen) und Gustatorisch (Schmecken)**

  - o süß, sauer, fruchtig, herb, bitter, frisch, faulig, umami

  - o Intensität

Das heißt, Sie fragen sich:

Welche Farbe hat das?

Welche Konsistenz?

Wie fühlt sich das an?

Wie ist die Temperatur?

Ist das glatt, stachelig, hart, weich, zähflüssig? Etc.

Meistens sind das dunkle Submodalitäten, stachelig und klebrig.

Nachdem Sie die Submodalität beschrieben haben und ihre Handfläche verbindet sich mit diesem Gefühl, bewegen Sie Ihre Handfläche an dieser Körperstelle und stellen Sie sich die Frage: *Bewegt sich das?*

Wenn diese Submodalität sich unter Ihrer Handfläche bewegt, stellen Sie vor, dass Ihre Handfläche ein Magnet ist. Bewegen Sie dieses Gefühl mit Ihrer Handfläche und lassen Sie es aus Ihrem Körper heraustreten, als ob es anfängt sich auf Ihrer Hand zu wickeln, zu drehen und zu spinnen (wie auf einer Spule).

Falls das eine harte Submodalität ist, stellen Sie sich vor, wie sie bei jeder Drehung in kleine Stücke, Steinchen und dann in Sand zerfällt. Ihre ganze Aufmerksamkeit liegt auf der Drehung.

Sie drehen diese Submodalität schneller und schneller um Ihre Hand, die Bewegungen beschleunigen sich.

Plötzlich ändern Sie die Richtung. Bei der neuen Rotation fügen Sie gedanklich reines Quellwasser hinzu, dann noch mehr Wasser. Je mehr Sie weiterdrehen, desto sauberer wird die Submodalität. Allmählich füllt sauberes reines Quellwasser den gesamten Raum. Vor Ihnen ist ein Kreis sauberen Wassers. Sie atmen tief ein und nehmen es in sich auf und lassen das Wasser über den ganzen Körper strömen. Sie fühlen sich jetzt ganz anders, befreiter.

Diese Technik können Sie mehrere Male wiederholen. Bei schwierigen Situationen sowie persönlichen Transformationen können Sie diese Technik von 10 bis 50 Mal am Tag durchführen. Sie funktioniert wunderbar.

Unser Unbewusstes ist immer noch das mächtigste Werkzeug und kann mit dieser Technik leicht Schmerzen oder unangenehme Empfindungen entfernen, die tatsächlich Signale für Probleme in unserem Körper sind.

Diese Technik mag wunderbar und sogar mystisch für diejenigen erscheinen, die nicht verstehen, nach welchen Prinzipien unser Gehirn funktioniert.

<u>Wie funktioniert das?</u>

Wenn Sie an eine negative Situation denken, geschieht elektrische Erregung im Kortex oder in genau dem neuralen Netzwerk, das für diese Situation verantwortlich ist.

Sobald Sie das Problem lokalisiert haben, beginnen Sie mit dem Sammeln der Submodalitäten. So verschiebt sich das elektrische Signal im Gehirn und Sie fangen an, andere Teile der Hirnrinde zu nutzen.

Erregungsgrad im neuralen Netzwerk, das für das Problem zuständig war, verringert sich.

Wenn Sie Bewegungen dazu machen, schließt sich das Bewegungszentrum im Kortex an.

In der Tat wird beim Drehen mit der Hand der Fokus vom Problem verlagert.

Bei Richtungsänderung dazu geschieht ein Kollaps im Gehirn und Umleitung der Gedanken.

Gedanken sind ein elektrisches Signal. Deswegen reduziert sich Ihre Angst und alle negativen Empfindungen.

50. Weiß-schwarz-weiß

Diese Übung kommt aus dem NLP.

Reisen Sie in die Zeit vor dem (traumatischen) Ereignis. Es ist wichtig, den Zustand richtig zu fühlen, als Sie noch nichts bedroht hat, als es Ihnen gut ging.

Dann versetzen Sie sich (sofort) in die Zeit, die „danach" ist, wenn alles vorbei ist und Sie wieder nichts bedroht.

Also von beiden Seiten wird das traumatische Ereignis, das Ihre Angst ausmacht, von absolut ungetrübten und ruhigen Zeitperioden begleitet - einem sicheren Raum.

Wir haben hier das Verhältnis von „böse und gut" - 1: 2.

Wie Sie sehen können, triumphiert das Gute über das Böse. So lautet die NLP-Arithmetik.

Wenn Sie sich jetzt routinemäßig Ihre Angst vorstellen (um sie loszuwerden), spulen Sie Filmszenen dieses Ereignisses an die Zeitzonen zurück, an denen:

• **Noch nichts** passiert ist,

• und **nichts mehr** passiert, weil alles vorbei ist.

Diese Technik im NLP zum Umgang mit Ängsten wird als „Sicherheitssandwich" bezeichnet: (Zwei Brotstücke verbergen eine Art Füllung.)

Ich würde diese Technik die „Perle der Sicherheit" nennen – denn schließlich kommen Muschelschalen so mit einem Sandkorn um, einem Fremdkörper, der in das Innere gelangt ist - sie lassen von allen Seiten ein „Positiv" um ein einzelnes „Negativ" wachsen – das Ergebnis ist eine Perle.

<u>Zurück zu Filmszenen.</u>

Indem Sie sich entlang einer imaginären Zeitachse von „vor dem Trauma" zu „nach dem Trauma" hin und her bewegen, glätten Sie die Rauheit bzw. den Zacken, der auf der Zeitachse Ihre Angst darstellt.

Es erinnert an die Arbeit eines Tischlers an einem rauen Brett, wo man sich zuerst schnell einen Splitter einreißen kann. Aber dann ist das eine Arbeit, die unsere Erfahrungen „begradigt" und das Leben glatt und einfach macht.

Diese NLP-Technik für den Umgang mit Ängsten wird durch die folgenden Aussagen verstärkt:

• *„Das Leben geht wie gewohnt weiter",*

• *„Auch dies wird vorübergehen",*

• *„Zwei Todesfälle werden nicht passieren, einer - nicht zu vermeiden."*

Die vorgeschlagene NLP-Technik (wie alle NLP-Techniken) können Sie mehrmals wiederholen.

Gewöhnen Sie sich einfach daran, in Ihrer Phantasie „vor- und nach zu scrollen" und fühlen Sie mit all Ihrem Wesen die Sicherheit, die wie ein sanftes Meer das winzige, stechende Kap Ihres Problems umspült und dieses scharfe Kap schließlich in einen glatten Stein umwandelt.

51. Verschieben Sie Ihre Angst

Beginnen wir mit der Technik der Angstverschiebung. Wenn Sie versuchen, Ihre Phobien die ganze Zeit loszuwerden, damit sie ein für alle Mal verschwinden, dann verstärken Sie sie nur. Dies ist eine zu große Veränderung, die nicht über Nacht erreicht werden kann.

Stattdessen ist es besser, einen kleinen, realistischeren Schritt zu machen. Erlauben Sie sich, Phobien zu haben. Treffen Sie eine bewusste Entscheidung, auf Ihre Ängste zu achten. Kontrollieren Sie einfach, **wann** Sie sich genau Sorgen bzw. Angst machen werden. Die Essenz dieser Technik besteht darin, Phobien auf einen bestimmten Rahmen zu beschränken. Sie versuchen nicht, Ihre Ängste zu ignorieren. Sie verschieben die Zeit, um an sie zu denken.

Dafür:

1. Wählen Sie einen bestimmten Zeitpunkt in der Zukunft aus, wann Sie vorhaben, darüber nachzudenken.

2. Wenn die Zeit gekommen ist, beginnen Sie entweder, sich bewusst Phobien hinzugeben oder beschließen Sie, die Ängste auf einen späteren Zeitpunkt zu verschieben. Versuchen Sie die Beschäftigung mit diesen negativen Gedanken so weit wie möglich zu verschieben.

Es ist wie ein mentaler Vertrag mit Ihrer Angst. Ein Teil Ihres Geistes glaubt daran, dass Sie auf störende Gedanken achten. Sie können ihnen nicht einfach „Nein" sagen. Ihre Angst glaubt, dass Sie sie brauchen, dass sie sich um Sie kümmert. Also sagen Sie zu ihr: „Okay, ich gebe dir ein wenig Zeit, aber nicht jetzt." Sie müssen bei der Idee bleiben, dass Sie tatsächlich Angst haben werden, nur nicht jetzt. Und Sie müssen die Idee aufgeben, dass Sie jedes Mal etwas gegen Ihre Angst tun müssen, wenn Sie sie haben.

Dazu müssen Sie mehrere Schritte ausführen.

1. Stimmen Sie gedanklich zu, auf obsessive Ängste zu achten.
2. Wählen Sie dafür eine bestimmte Zeit in der Zukunft. Die Zeit sollte individuell gewählt werden. Einige können die Angst um eineinhalb Stunden oder länger verschieben. Für andere ist es bereits ein Problem, Ängste um 30 Sekunden zu verschieben. Es ist wirklich egal, wie sehr Sie Ihre Ängste verschieben. Wenn Sie es schaffen, die Sorge um mindestens 10 Sekunden zu verschieben, haben Sie bereits begonnen, den unbewussten Prozess bewusst zu kontrollieren. Beginnen Sie also, wann Sie wollen, und unterstützen Sie sich bei Ihren Bemühungen. Verwenden Sie eine Stoppuhr, wenn es Ihnen hilft.
3. Sobald die Zeit gekommen ist, die Sie mit sich selbst vereinbart haben, denken Sie jetzt Ihre unangenehmen Gedanken, haben Sie jetzt Angst oder verschieben Sie das alles für eine Weile. Zögern Sie so lange wie möglich. Dies ist die Hauptidee.

Warum verschieben und was sind die Vorteile? Am wichtigsten ist, dass zwischen Ihrem plötzlichen Impuls und Ihrer Reaktion darauf eine gewisse Zeit liegt. Je mehr Zeit vergeht, desto mehr Kontrolle haben Sie über die Situation. Sie bauen eine Mauer zwischen Impuls und Impulsantwort. In der Zwischenzeit können Sie die Situation sogar nüchtern betrachten und sich sagen: „Nun, nein, darüber muss ich mir überhaupt keine Sorgen machen."

Wenn Sie um 8 Uhr morgens unkontrollierbare Angst verspüren, wird es Ihnen um 10 Uhr morgens unbegründet erscheinen. Je mehr Zeit zwischen der anfänglichen Besessenheit und Ihrer Aufmerksamkeit vergeht, desto wahrscheinlicher wird Ihre Angst abnehmen. Wenn sie abnimmt, nimmt Ihre Besessenheit ab und Sie gewinnen mehr mentale Kontrolle über Ihren Zustand.

Erwägen Sie also, Ihr Aufschubprogramm zu starten. Geben Sie sich die Chance, zu lernen, die Angst zu verschieben, bevor Sie die nächste Technik erlernen.

52. Schreiben Sie Ihre Ängste auf

Das erste, was Sie tun müssen, ist Ihre Ängste aufzuschreiben. Nehmen Sie den ganzen Tag über einen Bleistift und ein kleines Notizbuch mit. Wenn Angst und Phobien zu Ihnen kommen, schreiben Sie Ihre Gedanken Wort für Wort auf oder formulieren Sie mentale Bilder und Impulse in wenigen Sätzen. Wenn die obsessive Angst anhält, schreiben Sie weiter. Schreiben Sie genau Wort für Wort, was Sie denken. Stellen Sie sich vor, Sie sind Stenograph in einem Gerichtssaal. Jedes Wort, das Ihnen in den Sinn kommt, sollte auf Papier reflektiert werden!

Wenn das Problem erneut bei Ihnen auftritt, schreiben Sie es abermals auf, auch wenn der Satz bereits zuvor aufgezeichnet wurde. Schreiben Sie jeden Satz, der sich in Ihrem Kopf dreht, wörtlich auf. Was sind die Vorteile davon? Wenn Sie Phobien haben, neigen Sie dazu, dasselbe immer und immer wieder zu wiederholen, oder? Sobald Sie Ihre Ängste aufschreiben, werden Sie sehen, wie bedeutungslos und primitiv sie sind. Die Fähigkeit, Ängste von außen zu betrachten, verringert die Besessenheit.

Vielleicht wird es im Laufe der Zeit ein großes Hindernis sein, diese Notizen zu machen. Man muss härter arbeiten, um Phobien zu erleben, als zu versuchen, sie zu überwinden. Es ist viel schwieriger, immer wieder *„Oh Gott, ich fürchte, ich werde sterben"* zu schreiben, als diesen Satz 400 Mal im Kopf zu wiederholen. Aber diesen Satz 400 Mal aufzuschreiben nimmt ihm jede Bedeutung. Ihre Ängste werden zusammen mit der Hausarbeit zu langweiligen Aufgaben und nicht zu etwas, das Ihr Leben kontrolliert.

Und an diesem Punkt werden Ihnen die Notizen helfen. Nach einer Weile sagen Sie: *„Okay, ich habe Phobien. Ich muss sie entweder aufschreiben oder einfach vergessen. Ich kann entweder wieder so* viel Zeit und Mühe verschwenden oder ich kann sie einfach vergessen.“

53. Ändern Sie das Bild

Das Aufzeichnen von Gedanken und Singen hilft Ihnen, wenn Ihre Ängste in Worten formuliert sind. Aber was ist, wenn Phobien in Ihrem Kopf als Bild gespeichert sind?

In diesem Fall müssen Sie dieses Bild ändern oder auf andere Weise ersetzen. Wenn Sie sich beispielsweise vorstellen, dass ein Arzt Ihnen eine schlimme Diagnose stellt, stellen Sie sich vor, dass Sie und der Arzt ein angenehmes Gespräch führen. Stellen Sie sich vor, Sie wären 101 Jahre alt, lächeln und schaukeln in einem Schaukelstuhl, umgeben von Ihrer Familie.

Oder schließen Sie die Augen und stellen Sie sich vor, dass Ihre Angst physische Form angenommen hat. Machen Sie daraus eine Wolke direkt vor Ihnen. Beobachten Sie, wie die Wolke wegschwebt. Stellen Sie sich vor: Je weiter die Wolke wegschwebt, desto weniger Angst bleibt und desto wohler fühlen Sie sich.

Wählen Sie Bilder, die in Ihnen angenehme Emotionen hervorrufen und es Ihnen ermöglichen, sich zu entspannen, damit sie Ihre Ängste verdrängen können.

Ein weiterer hilfreicher Ansatz besteht darin, das gruselige Bild im Kopf erneut abzuspielen, aber das, was Sie erschreckt, in grotesken Humor umzuwandeln, wie z.B. in Cartoons.

Sobald Sie Ihre Angst durch Aufschreiben, Gesang und Bildveränderungen oder durch andere Techniken verringern, konzentrieren Sie Ihre Aufmerksamkeit auf andere Aspekte Ihres Lebens. Wenn Sie dies nicht tun, kann Ihr Verstand sofort zu Ihren

Ängsten zurückkehren. Versuchen Sie also, ihn zu beschäftigen und so schnell wie möglich zu anderen Aktivitäten zu wechseln.

Diese Techniken können Ihnen nur nach einer Weile helfen. Einige Phobien scheinen so stark zu sein, dass Sie sie nicht sofort loslassen können. Wenn Sie diese Techniken jedoch konsequent praktizieren, können Sie Ihre irrationale Angst nüchtern betrachten.

54. Lassen Sie Ängste und körperliche Anspannung los

Lassen Sie uns noch einmal wiederholen: Akzeptieren Sie Ihre Phobien und Ängste und treffen Sie dann eine bewusste Entscheidung, um Ihre Angst zu verschieben oder Ihre Denkweise zu ändern. Nachdem Sie eine der beiden Punkte durchgeführt haben, besteht Ihre nächste Herausforderung darin, diese Ängste loszulassen und zu Ihren täglichen Aktivitäten zurückzukehren. Wenn Sie wie die meisten Menschen sind, werden Sie sich körperlich angespannt und ängstlich fühlen, wenn Sie versuchen, diese Gedanken zu stoppen. Deshalb müssen Sie diese Spannung lösen.

Es gibt zwei Schritte in Richtung dieses Ziels. Entscheiden Sie sich zunächst dafür, die aufdringlichen Gedanken oder Bilder zu stoppen und diese Entscheidung zu verstärken, indem Sie positive Affirmationen gegenüber sich selbst wiederholen.

Geben Sie sich geistige Unterstützung, indem Sie Dinge zu sich selbst sagen wie: *„Wenn ich darüber nachdenke, hilft mir das jetzt nicht. Jetzt ist nicht die Zeit, darüber nachzudenken. Das ist irrational und nicht logisch. Ich muss es aufgeben. Ich gehe nicht darauf ein, mich mit diesem Gedanken anzulegen."* Wenn möglich, sagen Sie das laut zu sich und helfen Sie sich, sich selbst zu glauben.

Wiederholen Sie keine Sätze, wenn Sie selbst nicht glauben, dass dies wahr ist.

Treffen Sie die Entscheidung, ihre Phobien loszuwerden zu einer Zeit, wenn Sie ruhig sind und die Dinge nüchtern betrachten können. Stellen Sie sicher, dass dies eine solide Entscheidung ist. Wählen Sie dann eine Phrase, die Ihre Position zu diesem Thema widerspiegelt. Zum Beispiel können Sie entscheiden, dass Sie, wenn Sie sich das nächste Mal Sorgen machen, alle Gedanken, die Ihnen in den Sinn kommen, wörtlich aufschreiben, bis Sie anfangen, sich zu wiederholen. Dann sagen Sie zu sich: *„Diese Ängste sind irrational, und ich weiß es. Ich bin bereit, sie zu überwinden."*

Der zweite Schritt, nachdem Sie Ihre Entscheidung, die Angst aufzugeben, klar und deutlich zum Ausdruck gebracht haben, besteht darin, die Atementspannung zu üben. Es gibt viele sehr einfache Atemübungen, die helfen können.

55. Termin für Ihre Sorgen und Ängste

Dies ist eine Technik, die Ihnen bei Ihren Ängsten und Sorgen hilft, aber dann praktiziert werden sollte, wenn Sie noch keine Angst verspüren.

Diese Technik ist paradox, ebenso wie die Akzeptanz Ihrer Angst. Anstatt sich Ihrer Angst zu widersetzen, sollten Sie während des Tages eine bestimmte Zeitspanne einplanen, die Sie bewusst Ihren Ängsten und negativen Gedanken widmen. Ja, in der Tat, ich bitte Sie wirklich, sich mehr Sorgen zu machen! Dies ist die Bedeutung der paradoxen Technik: Es scheint absurd, doch es hilft!

Dazu müssen Sie Folgendes tun:

1. Nehmen Sie sich zwei Termine von jeweils 10 Minuten für Ihre Ängste.

2. Tun Sie in diesen Zeiträumen nichts, denken Sie nur an Ihre Ängste in Bezug auf ein Problem (Sie können sie auch auf dem Rekorder aussprechen oder mit einer anderen Person sprechen).
3. Denken Sie nicht an positive Alternativen, sondern nur an negative. Vermeiden Sie es zu erwähnen, dass diese Ängste irrational sind.
4. Lassen Sie nach 10 Minuten Ihre Angst mit einer Atemübung los und kehren Sie zu Ihren täglichen Aktivitäten zurück.

Nehmen Sie sich zweimal täglich zehn Minuten Zeit, um sich über das Problem Gedanken zu machen. Vielleicht einmal am Morgen und einmal am Ende des Tages. Achten Sie in dieser Zeit nur auf Ihre Angst.

Befolgen Sie diese Richtlinien, wenn Sie eine besondere Zeit für Angst haben. Vermeiden Sie positive Gedanken. Versuchen Sie nicht, sich davon zu überzeugen, dass die Sorgen umsonst sind und versuchen Sie nicht, die positive Seite von irgendetwas zu sehen. Denken Sie nur an negative Gedanken. Immer mehr negative Gedanken! Maximale negative Gedanken, über die Sie zu diesem Thema nachdenken können! Jeder Aspekt, jede Facette Ihrer Ängste! Lassen Sie sie frei in Ihrem Kopf herumspringen, betrachten Sie sie, suchen Sie nach neuen. Versuchen Sie, so viel Unbehagen wie möglich zu empfinden, während Sie über diese Gedanken nachdenken.

Wenn Ihnen nach einer Weile die Sorgen ausgehen, wiederholen Sie einfach die bereits erwähnten Sorgen. Gehen Sie zurück zum ersten und wiederholen Sie es. Ihr Ziel ist es, zehn Minuten lang nur an Ihre Ängste zu denken, selbst wenn Sie anfangen, sich zu wiederholen. Es wird nicht funktionieren, wenn Sie sagen: *„Nun, es sind fünf Minuten vergangen, ich kann mir nichts anderes vorstellen, worüber ich mir Sorgen machen könnte, also werde ich* *nicht mehr darüber nachdenken.*" TUEN Sie das nicht! Es ist notwendig, dass Sie allmählich anfangen, Irritationen zu verspüren, weil Sie sich keine neuen gruseligen Gedanken einfallen lassen können.

Die Leute denken oft, sie könnten sich den ganzen Tag Sorgen machen, aber das passiert normalerweise nicht. Sie fangen an, mit ihren Ängsten zu streiten und sich davon zu überzeugen, dass alles in Ordnung sei oder sie sagen sich, sie sollen den Mund halten, oder sie versuchen, sich abzulenken - und die Ängste lassen einfach nach, aber sie bleiben. Aber nach einer Weile kehrt die Angst zurück und der Kampf beginnt von vorne.

Wenn es Ihre offizielle Zeit für Sorgen ist, kämpfen Sie nicht mit Ihren Gedanken, sondern konzentrieren Sie Ihre ganze Aufmerksamkeit auf Ihre Angst. Infolgedessen nimmt die Angst ab.

Warum funktioniert es? Weil es Ihnen hilft, Ihre Gefühle bezüglich des Problems zu ändern. Während der ersten Phasen der Sorge werden Sie wahrscheinlich sehr verärgert über Ihre Gedanken sein. Schließlich werden Sie über Ihre schlimmsten Ängste nachdenken und sie immer wieder wiederholen (wie Sie es wahrscheinlich schon oft unwissentlich getan haben). Aber was passiert, wenn Sie zweimal am Tag mit denselben Gedanken im Detail arbeiten? Nach ein paar Tagen beschweren sich die meisten Menschen darüber, wie schwierig es für sie ist, diese zehn Minuten mit etwas zu füllen. Sie wissen nicht mehr, was sie sagen sollen. Anstatt sich ängstlich zu fühlen, langweilen sie sich. Und ist das nicht eine Veränderung zum Besseren?

Dies ist eines der Hauptziele. Anstatt ständige Angst zu verspüren, ändern Sie Ihre Gefühle für andere. Das Stresssystem Ihres Körpers hört jedes Mal auf, sich reflexartig einzuschalten. Um diese Änderungen zu erreichen, müssen Sie die Anweisungen für die Zeit der Unruhe genau befolgen. Verschwenden Sie zum Beispiel nicht diese zehn Minuten, um sich davon zu überzeugen, dass Ihre

Ängste irrational sind. Machen Sie das Gegenteil: Fahren Sie in Panik. Zeichnen Sie die negativsten, unangenehmsten und stressigsten Gedanken auf. Nach zehn Minuten können Sie Ihre Ängste loslassen und sich entspannen.

Nutzen Sie Ihre Zeit nicht nur ein- oder zweimal, um sich Sorgen zu machen. Idealerweise sollten Sie sie mindestens zehn Tage hintereinander zu einem Teil Ihrer täglichen Routine machen. Dies bedeutet, dass Sie, wenn Sie sich über ein zukünftiges Ereignis Sorgen machen, versuchen sollten, sich rechtzeitig Sorgen zu machen! Nach ein paar Tagen kann die Angstzeit keine starken Emotionen mehr in Ihnen hervorrufen.

56. Machen Sie eine Audioaufnahme Ihrer Angst

Wenn Ihre Ängste, Phobien die Form eines Wortes, einer Gruppe von Wörtern, eines Satzes oder mehrerer Sätze haben, die Sie immer wieder wiederholen, kann die Audioaufnahme hilfreich sein. Solche Aufnahmen können zwischen zehn Sekunden und drei Minuten dauern. Um diese Technik anzuwenden, schreiben Sie einen Satz oder eine Geschichte über eine beängstigende Situation genauso auf, wie sie in Ihrem Kopf auftaucht. Nehmen Sie dann die Geschichte wörtlich auf einem Diktiergerät auf.

Diese Aufnahme sollten Sie jeden Tag mindestens 45 Minuten lang anhören so lange bis Sie sich emotionslos fühlen. Versuchen Sie beim Anhören der Aufnahme, so viel Angst und Stress wie möglich zu spüren. Stress zu erleben ist ein wesentlicher Bestandteil dieser Technik.

Auch wenn die Beschwerden durch das Hören innerhalb weniger Tage nachlassen, üben Sie sie noch mindestens eine Woche lang. Das Üben mit Audioaufnahmen basiert auf dem

Gewöhnungsprinzip. Es bedeutet einfach, dass Ihre Angst allmählich nachlässt, wenn Sie direkt dem gegenüberstehen, was Sie am meisten fürchten. Daher ist es wichtig, lange jeden Tag das Zuhören zu üben und sich beim Zuhören bewusst zu belasten.

Wenn Ihre Angst die Form einer Geschichte über das Geschehen hat, z. B. eine Diagnose und die Details der Geschichte katastrophal aussehen, können Sie die Geschichte per Diktiergerät aufzeichnen. In diesem Fall wird die Aufnahme viel länger dauern, denn darin werden Sie über all Ihre Ängste berichten.

Hier erfahren Sie, wie es geht: Schreiben Sie eine detaillierte Geschichte über das schlimmste Ereignis auf, das Sie sich vorstellen können. Beschreiben Sie Schritt für Schritt wörtlich die Wörter und Bilder, die in Ihrem Kopf auftauchen. Verwenden Sie nur die Gegenwart: *„Ich stehe vor der Arztpraxis und sehe, wie sich die Tür öffnet."* Ungefähr so. Versuchen Sie, so detailliert wie möglich Ihre Umgebung zu beschreiben, was Sie tun, was andere Menschen tun und insbesondere, wie Sie sich in diesem Moment fühlen. Denn daran werden Sie arbeiten - an Ihrer emotionalen Reaktion auf die Geschichte.

Versuchen Sie, all Ihre schauspielerischen Fähigkeiten einzusetzen - seien Sie so dramatisch wie möglich. Setzen Sie Emotionen in jedes Wort ein, denn Sie werden diese Aufnahme immer wieder anhören und jedes Mal werden Sie versuchen müssen, den maximalen Stress zu erleben.

Hören Sie sich dieses Band jeden Tag mindestens 45 Minuten lang an. Stellen Sie sich beim Anhören des Bandes vor, dass diese Geschichte wirklich passiert, und lassen Sie die Erfahrung für Sie so stressig wie möglich werden. Wenn diese Geschichte nicht mehr emotional ist, können Sie neue Aufnahmen von anderen Problemen machen, die Sie beunruhigen, und das gleiche Verfahren fortsetzen. Der Fortschritt wird langsam sein, wenn Sie sich beim Hören ablenken lassen.

Nachdem Sie den Umgang mit ängstlichen Situationen geübt haben, sitzen Sie nicht herum und warten Sie, bis die Angst wieder kommt. Beschäftigen Sie sich! Lenken Sie die Aufmerksamkeit von Ihrer Angst ab, indem Sie Maßnahmen ergreifen. Machen Sie einen langen Spaziergang, trainieren Sie, gehen Sie ins Kino, packen Sie ein neues Projekt bei der Arbeit an oder unterhalten Sie sich mit einem Freund am Telefon.

Eines ist wichtig: wenn Sie versuchen die Angst zu umgehen, bekämpfen Sie diese Angst nicht. Wenn Sie Schwierigkeiten haben, von den oben genannten Techniken zu profitieren, fragen Sie sich Folgendes: „Versuche ich, meine Angst wieder zu unterdrücken?" Wenn ja, dann hören Sie auf! Sie wissen, dass der Versuch, diese Angst nur zu unterdrücken, nicht funktioniert. Erfolg tritt ein, wenn Sie Ihren Ängsten entgegentreten.

Sobald Sie aufhören, mit der Angst zu kämpfen, bemerken Sie signifikante Veränderungen. Sie können Ihre Symptome tatsächlich kontrollieren.

Einige von Ihnen bemerken möglicherweise sofort die positiven Ergebnisse, wenn sie diese Fähigkeiten einsetzen. Für andere kann der Fortschritt mehrere Wochen dauern, und die Angst wird sehr langsam nachlassen. Nicht verzweifeln. Es ist selten möglich, in einer Woche eine signifikante Verbesserung zu erzielen. Geben Sie nicht auf.

Schlusswort

Wir sind jetzt am Ende des Buches angelangt. Sie konnten jetzt viele Übungen kennenlernen und ausprobieren. Ich bin mir sicher, dass Sie für sich passende Instrumente gefunden haben und das Leben schon sehr bald wieder in vollen Zügen genießen werden können.

Vergessen Sie eines nicht und sagen Sie sich das immer wieder:

Es ist immer alles gut!

Wir sind hier auf Erden, um das Leben zu genießen. Also genießen wir jede Minute, ganz gleich was passiert. **Alles ist gut** und das soll ein Mantra für jeden Tag sein. Wir sind alle Schöpfer, unbegrenzte Wesen und wir sind Herr über unsere Gedanken, nicht umgekehrt. Wir müssen unsere Gedanken nur bewusst wählen und zu unseren Diensten einsetzen.

WICHTIG!!!

Wenn Sie diese oder andere Techniken mehrere Wochen lang praktiziert haben und keine signifikante Verbesserung feststellen, sollten Sie unbedingt einen Fachmann mit umfassender Erfahrung in der Behandlung von Angststörungen in Betracht ziehen. Dieser Spezialist kann Ihnen helfen, Ihre Probleme zu lösen, Sie von Zwangsängsten zu befreien und andere Strategien zu finden, die für Sie am besten geeignet sind.

Nützliche Literatur und Quellangaben:

Buch über Hooponopono: „Zero Limits: Mit der hawaiianischen Ho'oponopono-Methode zu Gesundheit, Wohlstand, Frieden und mehr." Joe Vitale, Ihaleakala Hew Len

Buch: Rainer Franke „Klopfen Sie sich frei! MET Meridian-Energie-Techniken: Einfaches Beklopfen zur Selbsthilfe"

Buch „Die violette Flamme: Heilung für Körper, Geist und Seele" von Elisabeth Claire Prophet

Über Submodalität
https://de.wikipedia.org/wiki/Submodalit%C3%A4t

http://www.aids72.ru/aids/30/

Foto Shen Men Punkt am Ohr
https://twitter.com/HealingCatalyst/status/661928289125142528/photo/1

Über Qigong https://www.netdoktor.de/sport-fitness/qigong-9747.html

Über Ho´oponopono:
https://hooponoponoseminare.de/hooponopono/dr-len-4-saetze-hooponopono-mantra/

Geführte Meditation https://utopia.de/ratgeber/gefuehrte-meditation-das-sind-die-vorteile/

Impressum

Dieses Werk einschließlich aller Inhalte ist urheberrechtlich geschützt, und kein Teil darf ohne schriftliche Genehmigung der Autorin in irgendeiner Form reproduziert, vervielfältigt und verbreitet werden. Alle Rechte vorbehalten. Alle Übersetzungsrechte vorbehalten. Nachdruck, auch auszugsweise, ist verboten. Jede Nutzung in anderen als den gesetzlich zugelassen Fällen bedarf der vorherigen schriftlichen Einwilligung.

Alle Inhalte dieses Werkes sowie Informationen, Rezepte und Tipps wurden sorgfältig und nach bestem Wissen und Gewissen erstellt und zusammengetragen. Sie spiegeln persönliche Erfahrung der Autorin wider. Fehler sind jedoch nicht ganz auszuschließen.

Nicht in allen Fällen war es mir möglich, die Ideengeber und Rechteinhaber festzustellen. Berechtigte Ansprüche werden selbstverständlich im Rahmen der üblichen Vereinbarungen abgegolten. Ich bitte Sie um Verständnis.

Die Autorin übernimmt keine juristische Verantwortung oder Haftung für die Aktualität, Korrektheit, inhaltliche Vollständigkeit oder Qualität der bereitgestellten Informationen. Dieses Buch enthält externe Links, auf deren Inhalte die Autorin keinen Einfluss hat. Für die Inhalte der verlinkten Seiten ist stets der jeweilige Anbieter oder Betreiber der Seiten verantwortlich. Haftung oder

Gewähr des Verfassers für Personen-, Sach- und Vermögensschäden ist ausgeschlossen.

Für Fragen und Anregungen:

leserbewertung@gmail.com

Kontakt:

© Nicole Falterhoff

1. Auflage 2021

Lumumby-Str. 10-126 / 428022 Cheboksary / Russia, leserbewertung@gmail.com

Eine Bitte an Sie!

Rezensionen sind für uns Autoren ein sehr wichtiger Bestandteil unserer Arbeit. Kaufentscheidungen von Kunden hängen meistens von Rezensionen ab.

Daher würde ich mich sehr freuen, wenn Sie eine kurze Rezension auf Amazon zu diesem Buch verfassen würden.

Ihr Feedback hilft mir, mich stetig zu verbessern und weiterzuentwickeln.

Vielen Dank für Ihre Unterstützung!

Bücher zum Thema

„Gesunde Ernährung"

Erhältlich bei Amazon!

Gesunde pflanzliche Ernährung – bewusster Lifestyle: Schnelle und leckere Rezepte ohne Fisch, Fleisch, laktosefrei. Mit Fotos

Nicole Falterhoff, 2020

Anti-Aging Rezepte für Ihre bewusste Ernährung: Grüne Gerichte
essen – jung & gesund bleiben. Mit Fotos

Nicole Falterhoff, 2020